dtv

»Die Strategie des Gegengewichts«, »Die Strategie des geistigen Guerillakrieges« oder »Die Strategie des kontrollierten Chaos«: diese drei Gesetze sind Teil des nützlichen und wissenswerten Kompendiums, das Robert Green für uns zusammengestellt hat. Mit den ›33 Gesetzen der Strategie‹ sind wir für jegliche konfliktbeladene Situation bestens gewappnet.

Robert Greene lebt als Drehbuchautor, Dramatiker, Essayist und Übersetzer in Los Angeles. Von ihm stammt der Weltbestseller ›Power. Die 48 Gesetze der Macht‹.

ROBERT GREENE

33 GESETZE DER

STRATEGIE

Kompaktausgabe
Ein Joost Elffers Buch
Aus dem Englischen von Ingrid Proß-Gill

dtv

**Ausführliche Informationen über
unsere Autoren und Bücher
www.dtv.de**

Bei dtv ist von Robert Greene außerdem lieferbar:
›Power. Die 48 Gesetze der Macht‹
›Perfekt. Der überlegene Weg zum Erfolg‹
›Die 24 Gesetze der Verführung‹

Ungekürzte Taschenbuchausgabe 2017
dtv Verlagsgesellschaft mbH & Co. KG, München
© Robert Greene und Joost Elffers, 2006, 2007
Titel der Originalausgabe:
›The 33 Strategies of War.‹ Concise Edition
London, Profile Books Ltd 2008
© 2015 der deutschsprachigen Ausgabe: Carl Hanser Verlag
München
Lizenzausgabe mit Genehmigung des Carl Hanser Verlages
Das Werk ist urheberrechtlich geschützt.
Sämtliche, auch auszugsweise Verwertungen bleiben vorbehalten.
Umschlaggestaltung: dtv nach einem Entwurf von
Hauptmann & Kompanie Werbeagentur, Zürich
Druck & Bindung: Druckerei C.H.Beck, Nördlingen
Gedruckt auf säurefreiem, chlorfrei gebleichtem Papier
Printed in Germany · ISBN 978-3-423-34905-5

INHALT

Erster Teil
Der Krieg gegen uns selbst   *Seite 9*

Gesetz 1   *Seite 11*
Die Polaritätsstrategie

Gesetz 2   *Seite 17*
Die Strategie des geistigen
Guerillakrieges

Gesetz 3   *Seite 23*
Die Strategie des Gegengewichts

Gesetz 4   *Seite 30*
Die Strategie des tödlichen
Geländes

Zweiter Teil
Krieg in Organisationen (Teams)   *Seite 35*

Gesetz 5   *Seite 37*
Befehlen und Kontrollieren

Gesetz 6   *Seite 43*
Die Strategie des kontrollierten Chaos

Gesetz 7   *Seite 47*
Kampfgeist und Moral als
Strategieelemente

Dritter Teil
Defensive Kriegführung *Seite 55*

Gesetz 8   *Seite 57*
Die Strategie der perfekten Ökonomie

Gesetz 9   *Seite 63*
Die Strategie des Gegenangriffs

Gesetz 10   *Seite 69*
Abschreckungsstrategien

Gesetz 11   *Seite 76*
Die Strategie der Passivität

Vierter Teil
Offensive Kriegführung *Seite 81*

Gesetz 12   *Seite 84*
Grand Strategy

Gesetz 13   *Seite 93*
Die Spionagestrategie

Gesetz 14   *Seite 99*
Die Blitzkriegsstrategie

Gesetz 15   *Seite 103*
Erzwingungsstrategien

Gesetz 16   *Seite 109*
Die Strategie des Schwerpunkts

Gesetz 17   *Seite 113*
Die Strategie »teilen und erobern«

Gesetz 18   *Seite 117*
Die Wendestrategie

Gesetz 19 *Seite 121*
Die Vernichtungsstrategie

Gesetz 20 *Seite 126*
Die Strategie des Reifenlassens

Gesetz 21 *Seite 134*
Die Strategie des diplomatischen Krieges

Gesetz 22 *Seite 139*
Die Strategie der Beendigung

FÜNFTER TEIL
Unkonventionelle (schmutzige) Kriegführung *Seite 145*

Gesetz 23 *Seite 148*
Strategien der falschen Wahrnehmung

Gesetz 24 *Seite 156*
Die Strategie des Üblichen und Unüblichen

Gesetz 25 *Seite 164*
Die Strategie der Rechtschaffenheit

Gesetz 26 *Seite 169*
Die Strategie der Leere

Gesetz 27 *Seite 176*
Die Bündnisstrategie

Gesetz 28 *Seite 182*
Die Strategie der One-Upmanship

Gesetz 29 *Seite 188*
Die Strategie des Fait accompli

Gesetz 30 *Seite 192*
Kommunikationsstrategien

Gesetz 31   *Seite 197*
Die Strategie der inneren Front

Gesetz 32   *Seite 202*
Die passiv-aggressive Strategie

Gesetz 33   *Seite 209*
Kettenreaktionen als Strategie

Bibliografie   *Seite 217*
Textrechte   *Seite 221*

Erster Teil

Der Krieg gegen uns selbst

Kriege werden – wie alle anderen Konflikte – durch Strategien geführt und gewonnen. Der Ausgangspunkt aller Kriege und aller Strategien ist unser Kopf. Wenn der Kopf sich leicht von Gefühlen überwältigen lässt, wenn er statt in der Gegenwart in der Vergangenheit verwurzelt ist und die Welt nicht mit Klarheit und Dringlichkeit sehen kann, erzeugt er Strategien, die immer am Ziel vorbeigehen werden.

Wer ein wahrer Stratege werden will, muss drei Schritte vollziehen: Erstens muss er sich der Schwäche und Krankheit bewusst werden, die seinen Kopf ergreifen und seine strategische Kraft verzerren können. Zweitens muss er sich selbst eine Art Krieg erklären, damit er sich voranbewegt. Drittens muss er unter Anwendung bestimmter Strategien einen ständigen unbarmherzigen Kampf gegen die Feinde in seinem Inneren führen.

Die vier folgenden Kapitel sollen Ihnen bewusst machen, welche Verwirrung derzeit wahrscheinlich in Ihrem Kopf herrscht, und Ihnen spezifische Strategien an die Hand geben, durch die Sie sie beseitigen können.

GESETZ

1

Die Polaritätsstrategie

Erklären Sie Ihren Feinden den Krieg

Solange wir unsere Feinde nicht erkennen, ist das Leben eine endlose Reihe von Kämpfen und Konflikten. Die Leute sind gerissen und hinterlistig, sie verbergen ihre Absichten und geben vor, auf unserer Seite zu sein. Wir brauchen Klarheit. Wir müssen lernen, unsere Feinde zu erkennen, durch die Zeichen und Muster von Feindseligkeit. Wenn wir sie dann im Blick haben, müssen wir ihnen in unserem Inneren den Krieg erklären. Wie die entgegengesetzten Pole eines Magneten Bewegung erzeugen, können unsere Feinde – unsere Gegenpole – uns mit einem Zweckbewusstsein erfüllen und uns eine Richtung weisen. Als Menschen, die uns im Weg stehen, die das repräsentieren, was wir verabscheuen, als Personen, auf die wir reagieren müssen, sind sie für uns eine Energiequelle. Wir dürfen nicht naiv sein: Bei manchen Feinden kann es keinen Kompromiss geben, keine Mitte, in der man sich treffen könnte.

Schlüssel zur Kriegführung

Der Widerstand gegenüber einem Partner ist kein völlig negativer sozialer Faktor – und sei es nur, weil derartiger Widerstand oft das einzige Mittel ist, das Leben mit wirklich unerträglichen Menschen zumindest möglich zu machen. Wenn wir nicht einmal die Kraft und das Recht hätten, uns gegen Tyrannei, Willkür, Launenhaftigkeit und Taktlosigkeit aufzulehnen, könnten wir es nicht ertragen, eine Beziehung zu Personen zu haben, unter deren Charakteren wir derart leiden. Wir würden uns zu verzweifelten Maßnahmen gezwungen fühlen, die die Beziehung tatsächlich beenden, aber nicht unbedingt *einen »Konflikt« darstellen würden. Nicht nur aufgrund der Tatsache, dass die Unterdrückung sich gewöhnlich verstärkt, wenn sie ruhig und ohne Protest hingenommen wird, sondern auch, weil*

Wir leben in einem Zeitalter, in dem unverhohlene Feindseligkeit selten ist. Da die Regeln für die zwischenmenschlichen Beziehungen – im sozialen, politischen und militärischen Bereich – sich geändert haben, muss sich auch unsere Vorstellung vom Feind ändern. Obwohl heute mehr Wettbewerb herrscht als je zuvor, gilt Aggression nach außen als unangemessen. Daher haben die Leute gelernt, in den Untergrund zu gehen, auf geschickt unvorhersehbare Weise anzugreifen. Viele benutzen Freundschaft, um aggressive Begehren zu verhüllen: Sie kommen uns näher, um mehr Schaden anrichten zu können.

Ihre erste Aufgabe als Stratege besteht darin, Ihr Konzept vom Feind zu erweitern, in diese Gruppe auch diejenigen einzuschließen, die gegen Sie arbeiten, die Ihnen auf subtile Weise einen Strich durch die Rechnung machen. Sie dürfen nicht das naive Opfer sein! Sie dürfen sich nicht ständig auf dem Rückzug befinden und nur auf die Manöver Ihrer Feinde reagieren. Wappnen Sie sich mit Klugheit und legen Sie Ihre Waffen nie ganz nieder, nicht einmal gegenüber Freunden.

Die Leute sind gewöhnlich gut dabei, ihre Feindseligkeit zu verbergen, senden aber oft unbewusst Signale, die zeigen, dass nicht alles so ist, wie es scheint. Der entscheidende Punkt ist nicht, allen freundlichen Gesten zu misstrauen – aber Sie müssen sie wahrnehmen. Registrieren Sie jede Veränderung bei der emotionalen Temperatur: ungewohnte Nähe, ein neues Verlangen nach vertraulichen Gesprächen, übermäßiges Lob für Sie gegenüber Dritten, den Wunsch nach einem Bündnis, das für den anderen vielleicht mehr Sinn macht als für Sie selbst. Vertrauen Sie Ihrem Instinkt: Wenn Ihnen das Verhalten von irgendjemand verdächtig vorkommt, stimmt das wahrscheinlich.

Sie können sich zurücklehnen und die Zeichen lesen; Sie können aber auch aktiv daran arbeiten, Ihre Feinde zu enttarnen – auf das Gras schlagen, um die Schlangen aufzuscheuchen, wie die Chinesen sagen.

Tun Sie etwas, was man auf mehrere Weisen lesen kann, was an der Oberfläche höflich aussehen kann, aber auch eine leichte Kühle Ihrerseits ausstrahlen oder als subtile Beleidigung betrachtet werden könnte. Ein Freund wird sich zwar darüber wundern, es aber hinnehmen. Der geheime Feind hingegen wird sich darüber aufregen. Bei starken Emotionen wissen Sie sofort, dass unter der Oberfläche irgendetwas brodelt.

Sie müssen eins verstehen: Die Leute neigen dazu, unbestimmt und glatt zu sein, da das sicherer ist, als sich nach außen hin festzulegen. Hüten Sie sich vor Personen, die sich hinter einer Fassade von vagen Abstraktionen oder von Unparteilichkeit verstecken – niemand ist unparteiisch! Durch eine scharf formulierte Frage, durch eine Ansicht, die verletzen soll, können Sie sie dazu bringen, zu reagieren und Partei zu ergreifen.

Manchmal ist es besser, eventuellen Feinden gegenüber nicht direkt vorzugehen, sondern ebenso subtil und hinterhältig zu sein wie sie. Wenn Freunde oder Mitstreiter, die Sie der Hintergedanken verdächtigen, etwas vorschlagen, was unterschwellig feindselig

der Widerstand uns innere Befriedigung, Ablenkung und Erleichterung bringt. ... Unser Widerstand verleiht uns das Gefühl, dass wir nicht völlig Opfer der Umstände sind.

GEORG SIMMEL (1858–1918), »CONFLICT AND THE WEB OF GROUP AFFILIATIONS«

Gesetz 1 • Die Polaritätsstrategie | *13*

> *Etwas ist also lebendig, nur insofern es den Widerspruch in sich enthält.*
>
> GEORG WILHELM FRIEDRICH HEGEL (1770–1831), »WISSENSCHAFT DER LOGIK II«

oder gegen Ihre eigenen Interessen ist, sollten Sie das mitmachen oder so tun, als würden Sie die Augen davor verschließen; dann werden Ihre Feinde bald weiter gehen und Ihnen mehr von ihren Karten zeigen, sodass Sie sie im Blick haben und zum Angriff übergehen können.

Feinde sind häufig groß und schlecht zu erkennen – Organisationen oder Menschen, die sich hinter einem komplizierten Netzwerk verstecken. Dann müssen Sie einen Teil der Gruppe ins Visier nehmen – eine Führungs- oder Schlüsselperson, einen Sprecher oder den inneren Kreis. Zielen Sie nie auf einen verschwommenen, abstrakten Feind! Bei so einem blutleeren Kampf ist es schwer, die nötigen Emotionen aufzubringen, und außerdem bleibt Ihr Feind dabei unsichtbar. Sie sollten dem Kampf eine persönliche Prägung verleihen und dem Feind ins Auge blicken.

Feinde bringen Ihnen viele Gaben. Sie motivieren Sie beispielsweise und verleihen Ihren Überzeugungen einen Fokus. Außerdem geben sie Ihnen einen Maßstab für Ihre Selbstbeurteilung, in persönlicher wie in sozialer Hinsicht; Muhammad Ali wäre ohne Joe Frazier kein wirklich großer Kämpfer geworden. Ein harter Gegner wird das Beste in Ihnen ans Tageslicht bringen. Und je größer Ihr Gegner ist, desto größer wird auch Ihr Lohn sein – selbst in der Niederlage. Es ist besser, einem würdigen Gegner zu unterliegen, als einen harmlosen Feind zu zerquetschen. Sie werden Sympathien und Respekt gewinnen und Unterstützung für Ihren nächsten Kampf aufbauen.

Angriffe auf Sie sind ein Zeichen dafür, dass Sie wichtig genug sind, um ein Ziel zu sein. Sie sollten diese Aufmerksamkeit und die Chance, sich zu beweisen, genießen. Führer haben es stets nützlich gefunden, in Krisenzeiten einen Feind vor ihren Toren zu haben, der die Öffentlichkeit von ihren Schwierigkeiten ablenkte. Falls Sie Ihre Feinde benutzen, um Ihre Truppen zu sammeln, sollten Sie sie möglichst stark polarisieren: Wenn sie ein wenig Hass verspüren, werden sie nämlich verbissener kämpfen. Deshalb sollten Sie die Unterschiede zwischen Ihnen und dem Feind übertreiben und beide Lager scharf voneinander abgrenzen. Ihr Ziel ist der Sieg, nicht Fairness oder ein Gleichgewicht. Benutzen Sie die Rhetorik des Krieges, um den Einsatz zu erhöhen und den Geist anzuregen.

Im Krieg brauchen Sie Platz, um manövrieren zu können. In die Ecke getrieben zu werden bedeutet den Tod. Wenn Sie Feinde haben, verschafft Ihnen das Optionen. Sie können sie gegeneinander ausspielen und den einen zu Ihrem Freund machen, um den anderen angreifen zu können. Ohne Feinde werden Sie nicht wissen, wie und wo Sie manövrieren können, und Ihr Gefühl für Ihre Grenzen verlieren.

Denken Sie daran: Da draußen gibt es immer Menschen, die aggressiver, hinterlistiger und erbarmungsloser sind als Sie selbst – und es wird sich nicht vermeiden lassen, dass einige von ihnen Ihren Weg kreuzen. Sie werden dazu neigen, sich mit ihnen auszusöhnen und Kompromisse mit ihnen zu schließen. Bei manchen werden Sie sich aber verhärten und akzeptieren müssen, dass es keine gemeinsame Mitte gibt, keine Hoffnung auf Versöhnung. Für Ihren Feind ist Ihr Wunsch nach einem Kompromiss eine Waffe, die er gegen Sie einsetzen kann.

Symbol:
Die Erde. Der Feind
ist der Boden unter Ihren
Füßen. Er hat eine Schwerkraft,
die Sie dort festhält, wo Sie sind, eine
Widerstandskraft. Sie können Festigkeit
und Stärke gewinnen, wenn Sie sich tief
in dieser Erde verwurzeln. Ohne einen
Feind, auf den Sie treten und auf dem
Sie herumtrampeln können, verlieren Sie die Orientierung und
Ihr ganzes Gefühl für Pro-
portionen.

Garant: Wer auf Sicherheit zählt und nicht an die Gefahren denkt, wer nicht genug weiß, um wachsam zu sein, wenn Feinde kommen, ist wie ein Spatz, der sein Nest auf einem Zelt baut, wie ein Fisch, der in einem Kessel schwimmt – beide werden den Tag nicht überleben. (Zhuge Liang, 181–234)

GESETZ

2

Die Strategie des geistigen Guerillakrieges

Führen Sie nicht den letzten Krieg

Was uns am häufigsten nach unten zieht und uns Not und Elend bringt, ist die Vergangenheit in Form überflüssiger Bindungen, der Wiederholung abgenutzter Formeln und der Erinnerung an alte Siege und Niederlagen. Wir müssen bewusst einen Krieg gegen die Vergangenheit führen und uns dazu zwingen, auf den gegenwärtigen Augenblick zu reagieren. Wir müssen gnadenlos gegen uns selbst sein; wir dürfen die alten, ausgeleierten Methoden nicht wiederholen. Manchmal müssen wir uns dazu zwingen, neue Richtungen einzuschlagen, auch wenn das Risiken mit sich bringt. Was wir dann an Bequemlichkeit und Sicherheit verlieren könnten, werden wir an Überraschung gewinnen, da der Feind schwerer vorhersagen kann, was wir tun werden. Wir müssen einen Guerillakrieg gegen unseren eigenen Kopf führen, ohne statische Verteidigungslinien und exponierte Zitadellen – wir müssen alles fließend und beweglich machen.

Schlüssel zur Kriegführung

Zu wissen, dass man sich in einem bestimmten Zustand befindet, ist bereits ein Befreiungsprozess; aber ein Mensch, der sich seines Zustands, seines inneren Kampfes nicht bewusst ist, versucht, etwas anderes zu sein, als er ist, woraus Gewohnheiten entstehen. Behalten wir also im Hinterkopf, dass wir untersuchen wollen, was ist, dass wir beobachten und gewahr sein wollen, was tatsächlich ist, ohne ihm irgendeine Färbung zu geben, ohne es zu interpretieren. Es erfordert einen außerordentlich scharfen Geist, ein außergewöhnlich offenes Herz, um dessen, was ist, gewahr zu sein und ihm zu folgen. Denn was ist, ist ständig in Bewegung, ist ständig der Veränderung unterworfen; und wenn der Geist an Glaubenssätze, an Wissen gebunden ist, hört er auf, der schnell fließenden Bewegung dessen, was ist, zu folgen. Was ist, ist

Wenn wir auf eine unerfreuliche oder unangenehme Erfahrung zurückblicken, kommt uns unweigerlich ein Gedanke: Hätten wir statt *Y* doch nur *X* gesagt oder getan, könnten wir das doch noch ändern ... Viele Generäle haben in der Hitze der Schlacht den Kopf verloren und erst hinterher an die eine Taktik gedacht, an das eine Manöver, das alles geändert hätte. Das Problem ist jedoch nicht, dass die Lösung uns erst einfällt, wenn es zu spät ist. Nein, das Problem ist, dass wir davon ausgehen, dass das, was uns gefehlt hat, Wissen war. Das ist aber genau die falsche Annahme. Dass wir überhaupt fehlgehen, liegt daran, dass wir nicht auf den gegenwärtigen Augenblick eingestellt, nicht für die Umstände empfindlich sind. Wir hören auf unsere eigenen Gedanken; wir reagieren auf Dinge, die in der Vergangenheit geschehen sind; wir wenden Theorien und Konzepte an, die wir schon vor langer Zeit benutzt haben, die aber nichts mit unserer derzeitigen misslichen Situation zu tun haben.

Es ist wichtig, Folgendes zu verstehen: Die größten Generäle, die erfindungsreichsten Strategen zeichnen sich nicht dadurch aus, dass sie über mehr Wissen verfügen; der entscheidende Punkt ist vielmehr, dass sie in der Lage sind, ihre vorgefassten Vorstellungen aufzugeben und sich intensiv auf den gegenwärtigen Augenblick zu konzentrieren, wenn das nötig ist. Auf diese Weise wird die Kreativität entzündet, werden Chancen ergriffen. Je besser wir unsere Gedanken an die sich ändernden Umstände anpassen können, desto realistischer werden unsere Reaktionen sein.

All unsere geschätzten Überzeugungen und Prinzipien noch einmal untersuchen. Als man Napoleon fragte, welche Kriegsprinzipien er befolge, antwortete er: »Gar keine!« Sein Genie bestand in seiner Fähigkeit, auf die Umstände zu reagieren, das Beste aus dem zu machen, was ihm gegeben wurde – er war der Opportunist par excellence. Auch Sie sollten nur ein einziges Prinzip haben: keine Prinzipien zu haben.

Wenn Sie sich einer neuen Situation gegenübersehen, ist es oft am besten, sich vorzustellen, dass Sie gar nichts wissen und beginnen müssen, wieder ganz von vorn zu lernen. Dann werden Sie Ihre eigenen strategischen Muskeln entwickeln, statt auf die Theorien und Bücher von anderen angewiesen zu sein.

Die Erinnerung an den letzten Krieg auslöschen. Der letzte Krieg, den Sie geführt haben, ist eine Gefahr – auch dann, wenn Sie ihn gewonnen haben. Er ist in Ihrem Kopf noch frisch. Falls Sie gesiegt haben, werden Sie dazu neigen, die eben benutzten Strategien zu wiederholen – Erfolg macht nämlich faul und selbstgefällig. Falls Sie Ihren letzten Krieg aber verloren haben, könnten Sie jetzt ängstlich und unentschlossen sein. Denken Sie nicht an Ihren letzten Krieg! Sie haben nicht den erforderlichen Abstand, die nötige innere Distanz. Tun Sie lieber alles, was Sie können, um ihn aus Ihrem Gedächtnis zu löschen.

Den Geist in Bewegung halten. Als wir Kinder waren, stand unser Geist nie still. Wir waren offen für neue Erfahrungen und sogen möglichst viele davon auf.

Alle wirklich großen Strategen waren in dieser Hinsicht wie Kinder. Manchmal verhielten sie sich

---

zweifellos nicht statisch – es ist ständig in Bewegung, wie Sie sehen werden, wenn Sie es genau beobachten. Um ihm zu folgen, brauchen Sie einen sehr beweglichen Geist und ein offenes Herz. Das geht verloren, wenn der Geist statisch ist, in einer Überzeugung verharrt, einem Vorurteil, einer Identifikation; und ein Geist und ein Herz, die vertrocknet sind, können dem, was ist, nicht leicht und frei folgen.

Jiddu Krishnamurti (1895–1986), »Schöpferische Freiheit«

Meine Politik? Ich habe niemals eine gehabt.

Abraham Lincoln (1809–1865)

Wenn man eine leere Kürbisflasche ins Wasser legt und sie dann berührt, wird sie nach einer Seite gleiten. So sehr Sie sich auch anstrengen mögen – sie wird einfach nicht an derselben Stelle bleiben. Der Geist eines Menschen, der das höchste Stadium erreicht hat, wird bei nichts verharren, nicht einmal für eine einzige Sekunde. Er ist wie eine leere Kürbisflasche im Wasser, die herumgeschoben wird.

TAKUAN SŌHŌ
(1573–1645)

sogar wie Kinder. Das hat einen einfachen Grund: Hervorragende Strategen sehen die Dinge so, wie sie sind. Sie haben ein sehr feines Gespür für Gefahren und Gelegenheiten. Im Leben bleibt nichts unverändert; mit den Umständen Schritt zu halten, wenn sie sich wandeln, erfordert viel mentale Beweglichkeit. Große Strategen handeln nicht gemäß vorgefassten Ideen – sie reagieren wie Kinder auf den Augenblick. Ihr Geist ist ständig in Bewegung, und sie sind immer aufgeregt und wissbegierig. Die Vergangenheit vergessen sie schnell – die Gegenwart ist viel interessanter!

Immer wenn Sie feststellen, dass Ihre Gedanken um eine bestimmte Sache oder Idee – eine Besessenheit, einen Groll – kreisen, sollten Sie sie daran vorbeizwingen. Lenken Sie sich durch etwas anderes ab. Suchen Sie sich wie ein Kind etwas Neues, in das Sie sich vertiefen können, etwas, was Ihrer konzentrierten Aufmerksamkeit würdig ist. Verschwenden Sie keine Zeit auf Dinge, die Sie nicht ändern oder beeinflussen können. Bleiben Sie einfach in Bewegung.

Den Geist der Zeit aufsaugen. Stimmen Sie sich auf den Geist der Zeit ein. Antennen für die Trends zu entwickeln, die erst noch reifen müssen, erfordert Arbeit und Fleiß, die Anpassung an diese Trends auch. Wenn wir älter werden, sollten wir unseren Stil in regelmäßigen Abständen ändern. Durch ständige Anpassung können Sie den Fallen in Ihren früheren Kriegen entgehen. Wenn die Leute gerade das Gefühl haben, Sie zu kennen, sollten Sie sich wieder ändern.

Auf Gegenkurs gehen. Manchmal müssen Sie sich freischütteln, sich aus dem Griff der Vergangenheit befreien – zum Beispiel, indem Sie auf Gegenkurs gehen, das Gegenteil von dem tun, was Sie normalerweise in einer bestimmten Situation machen würden. Dann muss Ihr Geist sich mit einer neuen Realität beschäftigen und wird schlagartig zum Leben erwachen.

Betrachten Sie Ihren Geist als Armee! Heere müssen sich an die Komplexität und das Chaos des modernen Kriegs anpassen, indem sie wendiger und beweglicher werden. Diese Entwicklung hat letztlich zum Guerillakrieg geführt, bei dem man das Chaos nutzt, um Unordnung und Unvorhersehbarkeit zu seiner Strategie zu machen. Guerillaarmeen halten nie inne, um eine Stadt oder einen Ort zu verteidigen – sie gewinnen, indem sie sich ständig bewegen und immer einen Schritt voraus bleiben. Da sie sich an kein festes Muster halten, bieten sie dem Feind kein Ziel.

Das ist das Modell für Ihre neue Denkweise. Wenden Sie nie eine Taktik starr an. Greifen Sie Probleme von anderen Seiten her an, passen Sie sich der Landschaft an und setzen Sie das ein, was Ihnen gegeben wurde. Wenn Sie ständig in Bewegung bleiben, zeigen Sie Ihren Feinden kein Ziel, das sie unter Beschuss nehmen könnten.

Symbol: Das Wasser
   Es passt seine Gestalt
      immer dem Platz an, an dem es sich
      im Strom bewegt,
         es schiebt Steine aus dem
         Weg und schleift Felsen ab;
            es hält nie inne,
            ist nie dasselbe.
               Je schneller es sich bewegt,
                  desto klarer
                     wird es.

Garant: Einige unserer Generäle scheiterten, weil sie sich bei allem streng an die Regeln hielten. Sie wussten, was Friedrich der Große an einem Ort gemacht hatte und Napoleon an einem anderen. Sie dachten ständig darüber nach, was Napoleon tun würde. ... Ich unterschätze den Wert des militärischen Wissens nicht, doch wenn Männer sich im Krieg sklavisch an die Regeln halten, werden sie scheitern. ... Der Krieg ist progressiv. (Ulysses S. Grant, 1822–1885)

GESETZ

3

Die Strategie des Gegengewichts

Im Aufruhr der Ereignisse die Geistesgegenwart nicht verlieren

In der Hitze der Schlacht verliert unser Geist leicht die Balance. Wir sehen uns dann mit zu vielen Dingen zur gleichen Zeit konfrontiert – unerwarteten Rückschlägen, Zweifeln und Kritik der eigenen Verbündeten. Es besteht die Gefahr, dass wir emotional reagieren, mit Angst, Depressionen oder Frustration. Wir müssen uns aber unter allen Umständen unsere Geistesgegenwart und unsere mentalen Kräfte bewahren. Was auch über uns hereinbrechen mag – wir müssen dem emotionalen Sog des Augenblicks aktiv widerstehen, wir müssen entschlossen, zuversichtlich und aggressiv bleiben. Daher müssen wir unseren Geist härten, indem wir ihn widrigen Umständen aussetzen. Wir müssen lernen, uns von dem Chaos auf dem Schlachtfeld zu lösen. Mögen andere auch den Kopf verlieren – unsere Geistesgegenwart wird uns an ihrem Einfluss vorbeiführen und uns auf Kurs halten.

Schlüssel zur Kriegführung

Die erste Eigenschaft eines Oberbefehlshabers ist ein kühler Kopf, der exakte Eindrücke von den Dingen empfängt, niemals hitzig wird und sich durch gute oder schlechte Nachrichten nie blenden oder berauschen lässt. Die aufeinanderfolgenden und gleichzeitigen Empfindungen, die er im Laufe des Tages aufnimmt, müssen klassifiziert und an die Plätze gestellt werden, die zu füllen sie verdienen, da der gesunde Menschenverstand und die Vernunft die Ergebnisse des Vergleichs einer Reihe von Empfindungen sind, die alle gleich gut betrachtet werden müssen. Es gibt Männer, die dank ihrer moralischen und körperlichen Verfassung aus allem mentale Bilder machen; so hervorragend ihre Vernunft, ihr Wille, ihr Mut und ihre sonstigen guten Eigenschaften auch sein mögen – die Natur hat sie nicht

Wir sehen uns gern als vernunftbegabte Wesen. Wir gehen davon aus, dass das, was uns Menschen von den Tieren abhebt, die Fähigkeit zu denken und zu rationalisieren ist. Das stimmt jedoch nur zum Teil – es gibt nämlich noch etwas anderes, was uns mindestens genauso stark von den Tieren unterscheidet: unsere Fähigkeit, zu lachen, zu weinen, ein breites Spektrum von Gefühlen zu verspüren.

Wir geben uns der Illusion hin, dass wir durch die Routine bei unseren täglichen Angelegenheiten vernünftig sind, sodass wir die Dinge ruhig und scheinbar unter Kontrolle halten können. Sobald wir uns in einer widrigen Situation befinden, verschwindet unsere Rationalität jedoch; wir reagieren auf Druck mit Angst, Ungeduld und Verwirrung.

Sie müssen verstehen, dass Ihr Geist schwächer ist als Ihre Gefühle. Dieser Schwäche werden Sie sich aber nur in widrigen Augenblicken bewusst – gerade dann, wenn Sie Kraft brauchen. Für die Hitze der Schlacht können Sie sich weder durch mehr Wissen noch durch mehr Verstand wappnen. Was Ihren Geist stärker und fähiger dazu macht, Ihre Gefühle unter Kontrolle zu behalten, sind innere Disziplin und Härte.

Das können Sie aber weder von anderen Menschen noch aus Büchern lernen – es wird sich nur durch Übung, Erfahrung und sogar ein bisschen Leid entwickeln. Betrachten Sie die folgenden Ideen bitte als Übungen, als Möglichkeiten, Ihren Geist zu stählen, als Gegengewichte zum überwältigenden Sog Ihrer Emotionen.

Setzen Sie sich Konflikten aus. Es ist besser, sich Ihren Ängsten zu stellen, sie an die Oberfläche kommen zu lassen, als sie zu ignorieren oder zu unterdrücken. Angst ist die für die Geistesgegenwart zerstörerischste Emotion, doch sie gedeiht auf dem Boden des Unbekannten, was dazu führt, dass wir unsere Vorstellungskraft nicht mehr bändigen können. Wenn wir uns bewusst Situationen aussetzen, in denen wir uns unserer Angst stellen müssen, machen wir uns mit ihr vertraut und nehmen ihr ihre Heftigkeit. Das Gefühl, eine tief verwurzelte Angst überwunden zu haben, gibt uns dann Selbstvertrauen und Geistesgegenwart. Je mehr Konflikte und schwierige Situationen wir durchstehen, desto kampferprobter wird unser Geist.

Machen Sie sich unabhängig. Es gibt nichts Schlimmeres als das Gefühl, von anderen abhängig zu sein. Abhängigkeit macht uns für die verschiedensten Emotionen anfällig – Verrat, Enttäuschung, Frustration –, die dann unser geistiges Gleichgewicht zerstören.

Unabhängigkeit ist ganz wichtig. Wenn Sie weniger auf andere und sogenannte Experten angewiesen sein wollen, müssen Sie die Palette Ihrer Fertigkeiten erweitern. Und mehr Zutrauen zu Ihrem eigenen Urteilsvermögen entwickeln. Es ist nämlich so: Wir neigen dazu, die Fähigkeiten von anderen zu über- und unsere eigenen zu unterschätzen. Das müssen wir dadurch ausgleichen, dass wir uns mehr auf uns selbst und weniger auf andere verlassen.

Sie dürfen jedoch nicht vergessen, dass Unabhängigkeit nicht bedeutet, sich mit geringfügigen Details zu belasten. Sie müssen zwischen kleinen Dingen,

dafür ausgerüstet, Armeen zu befehligen oder große Kriegsoperationen zu leiten.

NAPOLEON BONAPARTE (1769–1821)

Die Füchsin sieht einen Löwen

Als eine Füchsin, die noch nie einen Löwen gesehen hatte, zufällig einen traf, war sie beim ersten Anblick so erschrocken, dass sie fast darüber gestorben wäre. Als sie ihm zum zweiten Mal begegnete, fürchtete sie sich zwar, aber nicht mehr so sehr wie beim ersten Mal. Als sie ihn zum dritten Mal sah, fasste sie so viel Mut, dass sie sogar zu ihm ging, um mit ihm zu reden.

Die Fabel zeigt, dass die Gewohnheit auch ganz entsetzliche Dinge abschwächen kann.

ÄSOP
(6. JH. V. CHR.),
»FABELN«

die man am besten anderen überlässt, und größeren Problemen, die Ihre Aufmerksamkeit erfordern und mit denen Sie sich selbst befassen müssen, unterscheiden können.

Ertragen Sie Dummköpfe mit Freuden. Sie können nicht überall sein und nicht gegen jeden kämpfen. Ihre Zeit und Energie sind ja begrenzt, und Sie müssen lernen, sparsam damit umzugehen. Erschöpfung und Frustration können Ihre Geistesgegenwart ruinieren. Die Welt ist voll von Dummköpfen – von Menschen, die es nicht abwarten können, Ergebnisse zu erzielen, die ihr Mäntelchen stets nach dem Wind hängen, die nicht über ihre eigene Nasenspitze hinausblicken können. Wenn Sie an der Seite solcher Menschen arbeiten, sollten Sie nicht gegen sie kämpfen, sondern ihnen die gleiche Einstellung entgegenbringen wie Kindern oder Haustieren: dass sie nicht wichtig genug sind, um Ihr geistiges Gleichgewicht beeinträchtigen zu können.

Vertreiben Sie Panikgefühle, indem Sie sich auf einfache Aufgaben konzentrieren. Wenn die Umstände uns in Angst versetzen, geht leicht unsere Fantasie mit uns durch und erfüllt uns mit endloser Unruhe und Beklemmung. Sie müssen Ihre Vorstellungskraft also unter Kontrolle bekommen, doch das ist manchmal leichter gesagt als getan. Sie werden sich oft am besten beruhigen und diese Kontrolle erlangen können, wenn Sie Ihren Verstand zwingen, sich auf etwas relativ Einfaches – zum Beispiel ein Ritual, das Sie beruhigt, oder eine Aufgabe, bei der Sie erfahrungsgemäß gut sind – zu konzentrieren. Dadurch erzeugen

Sie die Gelassenheit, die Sie von Natur aus haben, wenn Ihr Geist in ein Problem vertieft ist. In einem fokussierten Geist gibt es keinen Raum für Angst oder für die Auswirkungen einer überaktiven Fantasie.

Befreien Sie sich von Ihrer Verschüchterung. Verschüchterung wird immer eine Gefahr für Ihre Geistesgegenwart sein. Und sie ist ein Gefühl, das sich nur schwer bekämpfen lässt.

Der entscheidende Punkt ist: Sie müssen sich davon überzeugen, dass der andere auch nur ein Sterblicher ist, genau wie Sie. Sie müssen die Person sehen, nicht den Mythos. Den anderen auf seine wahre Größe zu stutzen wird Ihnen helfen, sich Ihre mentale Balance zu bewahren.

Entwickeln Sie Fingerspitzengefühl. Ihre Geistesgegenwart hängt nicht nur von der Fähigkeit Ihres Verstands ab, Ihnen in schwierigen Situationen zu Hilfe zu kommen, sondern auch davon, mit welcher Geschwindigkeit das geschieht. Sie müssen rasch auf die Umstände reagieren und blitzschnell Entscheidungen treffen. Das wird oft als eine Art Intuition betrachtet, als Fingerspitzengefühl.

Was können Sie tun, um schneller reagieren und das intuitive Gespür hervorbringen zu können, über das alle Tiere verfügen? Eingehendes Wissen über das Terrain wird es Ihnen ermöglichen, Informationen schneller zu verarbeiten als der Feind, und das ist ein enormer Vorteil. Wenn Sie ein Gefühl für den Geist der Menschen und des Materials bekommen und sich in sie hineinversetzen, statt sie von außen zu betrach-

Berühmt geworden ist ein Malheur, das Caesar widerfuhr, als er in der Endphase des Bürgerkriegs in Africa landete: Beim Verlassen des Schiffs glitt er aus und fiel der Länge nach auf den Bauch; geistesgegenwärtig breitete er die Arme aus und sagte: »Ich halte dich, Africa!« So machte er aus dem entsetzenerregenden Vorzeichen einer Niederlage die göttliche Verheißung von Sieg und Eroberung.

ANTHONY EVERITT,
»CICERO«

ten, können Sie eine andere Verfassung erlangen, die nicht so bewusst und gezwungen ist, sondern unbewusster und intuitiver. Trainieren Sie Ihrem Verstand die Gewohnheit an, blitzschnell Entscheidungen zu treffen und auf Ihr Fingerspitzengefühl zu vertrauen.

Schließlich sollten Sie Geistesgegenwart nicht als etwas ansehen, was nur in widrigen Phasen nützlich ist, was man nach Bedarf ein- und ausschalten kann. Sie sollten sie vielmehr als alltäglichen Zustand pflegen. Je besser Sie beim Spiel des Krieges werden, desto weiter wird Ihre kriegerische Haltung Sie im täglichen Leben bringen. Wenn dann tatsächlich eine Krise kommt, werden Sie bereits ruhig und darauf gefasst sein. Sobald Geistesgegenwart für Sie zu einer Gewohnheit geworden ist, wird sie Sie nie mehr im Stich lassen.

Symbol:
Der Sturm
Das Hereinbrechen
unerwarteter Ereignisse
und die Zweifel und Kritik
der Menschen um Sie herum sind
wie ein Sturm auf See. Er kann aus allen
Himmelsrichtungen aufziehen und es gibt keinen
Ort, an den wir uns flüchten können, um ihm zu entkommen, keine Möglichkeit, vorherzusagen, wann und aus
welcher Richtung er losschlagen wird. Wenn Sie bei jeder Bö
die Richtung ändern, werden Sie nur mitten auf dem Meer
landen. Gute Steuerleute verschwenden keine Zeit damit,
sich wegen Dingen Sorgen zu machen, über die sie keine
Kontrolle haben. Sie konzentrieren sich vielmehr
auf sich selbst, auf die Geschicktheit und die
Stetigkeit ihrer Hand, auf den Kurs,
den sie abgesteckt haben, und
auf ihre Entschlossenheit,
unter allen Umstän-
den den sicheren
Hafen zu er-
reichen

Garant: Ein großer Teil des Mutes ist natürlich der Mut, die Sache schon einmal gemacht zu haben. (Ralph Waldo Emerson, 1803–1882)

GESETZ

4

Die Strategie des tödlichen Geländes

Ein Gefühl von Dringlichkeit und Verzweiflung erzeugen

Ihr schlimmster Feind sind Sie selbst. Sie verschwenden kostbare Zeit damit, von der Zukunft zu träumen, statt sich mit der Gegenwart zu befassen. Da Ihnen nichts dringend erscheint, sind Sie nur halb in das vertieft, was Sie tun. Das können Sie nur durch Handeln und Druck von außen ändern! Bringen Sie sich in Situationen, wo für Sie zu viel auf dem Spiel steht, um Zeit oder Mittel zu verschwenden – wenn Sie es sich nicht leisten können, zu verlieren, werden Sie nicht verlieren. Durchtrennen Sie Ihre Verbindungen zur Vergangenheit; betreten Sie Ihnen unbekanntes Territorium, wo Sie sich auf Ihren Verstand und Ihre Energie verlassen müssen. Begeben Sie sich auf »tödliches Gelände«, wo Sie mit dem Rücken gegen die Wand stehen und wirklich alles geben müssen, wenn Sie da lebend wieder herauskommen wollen.

Schlüssel zur Kriegführung

Es kommt recht häufig vor, dass wir uns bei unserem Handeln ein bisschen verloren fühlen. Wir könnten dies tun, aber auch das – wir haben viele Optionen, doch keine erscheint uns wirklich notwendig. Unsere Freiheit ist für uns eine Last. Hin und wieder hat jeder von uns schon mal ein Dringlichkeitsgefühl verspürt, das uns meistens von außen aufgezwungen wurde. Dann verändert sich alles – unsere Freiheit ist dahin. Wir müssen dies tun, wir müssen jenes in Ordnung bringen. Es ist immer wieder erstaunlich, wie viel beherzter und lebendiger wir uns in solchen Situationen fühlen; nun scheint alles, was wir tun, notwendig zu sein.

Die Heerführer denken über dieses Thema nach, seit es Armeen gibt: Wie kann man die Soldaten motivieren, wie kann man sie aggressiver und verzweifelter machen? Manche Generäle haben auf feurige Reden gesetzt; diejenigen, die dabei besonders gut waren, haben auch gewisse Erfolge erzielt. Vor über 2 000 Jahren kam der chinesische Stratege Sunzi jedoch zu der Überzeugung, dass es zu passiv war, sich Reden anzuhören, auch wenn sie wirklich aufrüttelnd waren – dass das einfach keinen dauerhaften Effekt hatte. Er sprach stattdessen vom »tödlichen Gelände« – Terrain, auf dem eine Armee mit dem Rücken zur Wand steht und es kein Entrinnen gibt. Ohne Ausweg zeigen Armeen Sunzi zufolge den gegenüber offenem Gelände doppelten oder dreifachen Kampfgeist, da der Tod dann spürbar gegenwärtig ist.

Das »tödliche Gelände« ist eine psychische Erschei-

Man sollte täglich über den unvermeidlichen Tod meditieren. Jeden Tag, wenn der Körper und der Geist in Frieden sind, sollte man darüber meditieren, von Pfeilen, Gewehren, Speeren und Schwertern durchbohrt oder zerfetzt zu werden, von tosenden Wellen fortgerissen, in die Mitte eines großen Feuers geschleudert, von einem Blitz erschlagen, durch ein riesiges Erdbeben zu Tode geschüttelt zu werden; von 500 Meter hohen Klippen zu stürzen, an einer Krankheit zu sterben oder beim Tod seines Fürsten Seppuku zu begehen. Und man sollte sich wirklich jeden Tag als tot betrachten.

Tsunetomo Yamamoto (1659–1719), »Hagakure«

> *Fürst Naoshige sagte: »Der Weg des Samurai liegt in der Verzweiflung. Solch einen Mann können auch zehn oder mehr Männer nicht töten. Durch den gesunden Menschenverstand kann man nichts Großes erreichen – man muss einfach verrückt und verzweifelt werden.«*
>
> TSUNETOMO YAMAMOTO (1659–1719), »HAGAKURE«

nung, die weit über das Schlachtfeld hinausgeht; es ist eine Kombination von Umständen, die das Gefühl vermittelt, eingeschlossen zu sein und nur zwei Möglichkeiten zu haben – zu handeln oder die Konsequenzen zu tragen.

Wir Menschen sind ganz eng an unsere Umgebung gebunden – wir reagieren aus dem Bauch heraus auf die Umstände und die Menschen um uns herum. Wenn unsere Situation einfach und entspannt ist, wenn die Leute warm und freundlich sind, löst unsere natürliche Anspannung sich. In Situationen, in denen für uns viel auf dem Spiel steht – auf einem psychischen tödlichen Gelände –, ändert die Dynamik sich jedoch. Auf Gefahr reagiert unser Körper mit dem Aufwallen von Energie, und unser Geist konzentriert sich.

Der Trick besteht darin, diesen Effekt von Zeit zu Zeit bewusst zu nutzen, ihn als eine Art Weckruf für uns selbst zu verwenden. Durch die fünf folgenden Verhaltensweisen können Sie auf ein psychisches tödliches Gelände gelangen.

> *Der Tod ist nichts, doch mit einer Niederlage zu leben ist so, als würde man Tag für Tag sterben.*
>
> NAPOLEON BONAPARTE (1769–1821)

Alles auf einen einzigen Wurf setzen. Wir probieren es oft mit zu vielen Dingen zur gleichen Zeit, aus dem Gedanken heraus, dass eines von ihnen uns schon Erfolg bringen wird – doch in solchen Situationen sind wir zerstreut und unsere Bemühungen sind halbherzig. Es ist besser, sich nur einer beängstigenden Herausforderung zu stellen, auch wenn die anderen das für töricht halten. Unsere Zukunft steht auf dem Spiel! Wir können es uns also nicht leisten, zu verlieren, und deshalb werden wir auch nicht verlieren.

Handeln, bevor man dafür bereit ist. Wir warten oft zu lange, bis wir aktiv werden, insbesondere wenn wir nicht unter Druck von außen stehen. Manchmal ist es besser, zu handeln, bevor man glaubt, dafür bereit zu sein – die Konfrontation zu erzwingen. Dann werden wir nicht nur unseren Feind überraschen, sondern auch das Beste aus unseren Mitteln machen müssen. Wir haben uns festgelegt und können nicht mehr zurück.

Sich in neue Wasser wagen. Manchmal müssen wir uns zwingen, schale Beziehungen und bequeme Situationen aufzugeben, unsere Verbindungen zur Vergangenheit zu durchtrennen. Wenn Sie sich keinen Ausweg lassen, werden Sie dafür sorgen müssen, dass Ihr neues Verhalten funktioniert.

Die ganze Welt gegen sich aufbringen. Kampfgeist braucht ein bisschen Schärfe, Wut und Hass als Brennstoff. Daher dürfen Sie sich nicht zurücklehnen und darauf warten, dass die anderen aggressiv werden – Sie müssen sie vielmehr bewusst reizen und in Wut versetzen. Wenn Sie das Gefühl haben, von einer Vielzahl von Menschen, die Sie hassen, in die Ecke gedrängt zu werden, werden Sie wie besessen kämpfen.

Darauf achten, dass man stets ruhelos und unzufrieden ist. Wenn wir erschöpft sind, liegt das häufig daran, dass wir uns langweilen. Ohne eine echte Herausforderung setzt geistige und körperliche Lethargie ein. Der Mangel an Energie resultiert aus einem Mangel an Herausforderungen, daraus, dass wir weniger auf

O, edle Herrn, des Lebens Zeit ist kurz: Die Kürze schlecht verbringen, wär zu lang, Hing Leben auch am Weiser einer Uhr Und endigte, wie eine Stunde kommt. Wir treten Kön'ge nieder, wenn wir leben – Wenn sterben: wackrer Tod, mit Fürsten sterben!

WILLIAM SHAKESPEARE (1564–1616), »KÖNIG HEINRICH IV.«

Wenn die Gefahr am größten ist. – Man bricht das Bein selten, solange man im Leben mühsam aufwärts steigt – aber wenn man anfängt, es sich leicht zu machen und die bequemen Wege zu wählen.

FRIEDRICH NIETZSCHE (1844–1900), »MENSCHLICHES, ALLZUMENSCHLICHES«

uns genommen haben, als wir bewältigen können. Wenn wir ein Risiko eingehen, reagieren unser Körper und unser Geist mit einem Energiestoß. Sie sollten ständig Risiken eingehen und nie zulassen, dass Sie zur Ruhe kommen. Dann wird das Leben auf tödlichem Gelände bald zu einer Art Sucht werden – Sie werden gar nicht mehr ohne es auskommen.

Symbol:
Feuer. Für sich allein
hat es keine Kraft – es ist
von seiner Umgebung abhängig.
Wenn es Luft bekommt, trockenes
Holz und einen Wind, der die Flammen
anfacht, gewinnt es furchtbare Kraft
und wird immer heißer. Es verzehrt
sich selbst und alles auf seinem
Weg. Diese Kraft dürfen wir
nie dem Zufall überlassen.

Garant: Wo es nirgendwo mehr ein Entrinnen gibt, handelt es sich um tödliches Gelände. ... Wirf die Truppen dorthin, wo es keinen Ausweg gibt, und sie werden kämpfen bis in den Tod, ohne an eine Niederlage zu denken, denn weder Offiziere noch Mannschaften werden ihre Kräfte schonen, wenn es auf Leben und Tod geht. Wenn die Truppen sich in größter Bedrängnis finden, kennen sie keine Furcht mehr, wenn es kein Entrinnen gibt, bleiben sie fest, wenn sie weit vorgedrungen sind, halten sie zusammen, und wenn sie keine Wahl mehr haben, kämpfen sie. (Sunzi, 5./6. Jh. v. Chr., »Die Kunst des Krieges«)

Zweiter Teil

Krieg in Organisationen (Teams)

Sie mögen brillante Ideen haben, Sie mögen in der Lage sein, unschlagbare Strategien zu erfinden – wenn die Gruppe, die Sie führen und für die Umsetzung Ihrer Pläne brauchen, teilnahmslos und unkreativ ist und wenn ihre Mitglieder stets ihre persönlichen Interessen an die erste Stelle setzen, werden Ihre Ideen nichts bedeuten. Sie müssen die Lektion des Kriegs lernen: Was Ihren Strategien Stärke verleiht, ist die Struktur der Armee.

Das Hauptziel beim Krieg ist, Schnelligkeit und Beweglichkeit tief in die Struktur Ihrer Armee einzubauen. Das bedeutet, dass an der Spitze nur eine einzige Autorität stehen darf, sodass es nicht zu dem Zögern und dem Durcheinander kommt, die bei geteilter Führung so leicht entstehen. Und dass Sie Ihre Soldaten motivieren, dass Sie einen generellen Korpsgeist erschaffen müssen, der ihnen unwiderstehliche Durchschlagskraft verleiht.

Dieses militärische Modell lässt sich ungemein leicht an alle Gruppen anpassen. Dafür ist nur eins notwendig: Bevor Sie eine Strategie formulieren oder aktiv werden, müssen Sie die Struktur Ihrer Gruppe verstehen. Sie können sie jederzeit ändern und so umgestalten, dass sie besser für Ihre Zwecke geeignet ist. Die drei folgenden Kapitel werden Ihnen zeigen, wie Sie sich auf diesen entscheidenden Punkt konzentrieren können, sie werden Ihnen strategische Optionen eröffnen und Ihnen helfen, katastrophale Fehler zu vermeiden.

GESETZ

5

Befehlen und Kontrollieren

Den Fallstricken des Groupthink entgehen

Das Problem bei der Führung von Gruppen ist generell, dass die Leute unvermeidbar ihre eigenen Agenden haben. Falls Sie zu autoritär sind, werden sie Sie ablehnen und stumm gegen Sie rebellieren. Falls Sie zu umgänglich sind, werden sie wieder in ihre natürliche Selbstsucht verfallen und Sie werden die Kontrolle verlieren. Sie müssen also eine Befehlskette erschaffen, bei der die Leute sich nicht durch Ihren Einfluss eingeschränkt fühlen, aber trotzdem Ihrer Führung folgen. Besetzen Sie die entscheidenden Positionen mit den richtigen Leuten, mit Personen, die im Geist Ihrer Ideen handeln werden, ohne Roboter zu sein. Achten Sie darauf, dass Ihre Anweisungen klar und inspirierend sind und die Aufmerksamkeit auf das Team fokussieren, nicht auf den Leiter. Erschaffen Sie ein Gefühl der Beteiligung, ohne in Groupthink zu verfallen, in die Irrationalität der kollektiven Entscheidungsfindung. Werden Sie ein Muster an Gerechtigkeit, geben Sie aber nie den alleinigen Befehl auf.

Schlüssel zur Kriegführung

Wie verschieden ist der Zusammenhang des Heeres einer Fahne, welches durch den persönlichen Befehl eines Feldherrn in die Schlacht geführt wird, und der einer verbündeten Kriegsmacht, die auf 50 oder 100 Meilen ausgedehnt oder gar nach ganz verschiedenen Seiten hin basiert ist! Dort ist der Zusammenhang als der stärkste, die Einheit als die nächste zu betrachten, hier ist die Einheit sehr entfernt, oft nur noch in der gemeinschaftlichen politischen Absicht, und da auch nur dürftig und unvollkommen vorhanden und der Zusammenhang der Teile meistens sehr schwach, oft ganz illusorisch.

CARL VON CLAUSEWITZ (1780–1831), »VOM KRIEGE«

Heute erfordert effektive Führung mehr denn je eine geschickte und feinfühlige Hand. Das hat einen einfachen Grund: Wir stehen Autorität jetzt misstrauischer gegenüber. Gleichzeitig halten wir uns fast alle selbst für Autoritäten – für Offiziere, nicht für Fußsoldaten. Die Leute verspüren das Bedürfnis, sich zu behaupten, und stellen ihre eigenen Interessen über die des Teams. Die Einigkeit der Gruppe ist brüchig und kann leicht zerspringen.

Diese Trends beeinflussen Führungspersonen auf eine Weise, die sie kaum erkennen. Es besteht die Tendenz, der Gruppe mehr Macht zu geben: Weil sie als demokratisch gelten wollen, fragen die Führer alle im Stab nach ihrer Meinung; soll die Gruppe doch die Entscheidungen treffen und den Untergebenen zeigen, wie die Gesamtstrategie aussehen soll! Ohne es zu merken, lassen diese Führer sich durch die Tagespolitik dazu verleiten, gegen eine der wichtigsten Regeln der Kriegführung und der Führung allgemein zu verstoßen: dass die Befehlsgewalt in den Händen einer einzigen Person liegen muss. Lernen Sie die Lektionen des Kriegs, bevor es zu spät ist: Geteilte Führung beschwört unweigerlich Katastrophen herauf, sie ist die Ursache der größten militärischen Niederlagen der Geschichte.

Geteilte Führung ist so gefährlich, weil die Mitglieder von Gruppen oft unlogisch und ineffektiv denken und handeln; das nennt man *Groupthink*. Leute in Gruppen sind politisch: Sie sagen und tun Dinge, die ihnen ihrer Ansicht nach helfen werden, ihr Ansehen in der Gruppe zu verbessern. Sie wollen anderen gefallen, sie wollen sich herausheben, statt die Dinge leidenschaftslos zu sehen. Wo ein Einzelner mutig und kreativ sein kann, scheut die Gruppe oft das Risiko. Die Notwendigkeit, einen Kompromiss zwischen den verschiedenen Egos zu finden, erstickt die Kreativität. Die Gruppe hat ihren eigenen Kopf – sie ist vorsichtig, langsam bei der Entscheidungsfindung, fantasielos und manchmal sogar regelrecht irrational.

Das ist das Spiel, das Sie spielen müssen. Tun Sie alles, was in Ihrer Macht steht, um die Einheit der Befehlsgewalt zu wahren. Behalten Sie die Fäden in den eigenen Händen; die alles überspannende strategische Vision darf nur von Ihnen kommen, von Ihnen allein. Zugleich müssen Sie Ihre Spuren verwischen. Arbeiten Sie hinter den Kulissen, geben Sie der Gruppe das Gefühl, an Ihren Entscheidungen beteiligt zu sein. Fragen Sie die Leute um Rat, berücksichtigen Sie ihre guten Ideen und lehnen Sie die schlechten höflich ab.

Ein ganz wichtiger Schritt beim Aufbau einer effizienten Kommandokette ist die Bildung eines guten Teams, das Ihre Ziele und Werte teilt. So ein Team bringt Ihnen viele Vorteile: engagierte, motivierte Leute, die selbständig denken können; ein Image als jemand, der gern und geschickt delegiert und fair und demokratisch führt; und es spart Ihnen einen Teil Ihrer eigenen wertvollen Energie, die Sie dann für das größere Bild aufwenden können.

Beim Aufbau dieses Teams sollten Sie nach Personen suchen, die Ihre Schwächen ausgleichen, die über die Fertigkeiten verfügen, die Ihnen fehlen. Sie dürfen sich dabei allerdings auf keinen Fall durch Fachkenntnisse und Intelligenz blenden lassen. Der

Armeen sind wie Pferde – sie reflektieren die Stimmung und den Geist ihres Reiters. Wenn er von Unruhe und Unsicherheit erfüllt ist, überträgt sich das über die Zügel und das Pferd fühlt sich ebenfalls unruhig und unsicher.

JOHN W. THOMASON, JR., »LONE STAR PREACHER«

Nicht wir alle zugleich sind Könige hier, wir Achaier!

Niemals frommt Vielherrschaft im Volk, nur einer sei Herrscher,

Einer König allein, dem der Sohn des verborgenen Kronos

Szepter gab und Gesetze, daß ihm die Obergewalt sei.

Also durchherrscht' er das Heer, ein Waltender, und zur Versammlung

Stürzten die Völker zurück, von den Schiffen daher und Gezeiten,

Lärmvoll, wie wenn die Woge des weitaufrauschenden Meeres

Hoch an das Felsgestad' anbrüllt, und die stürmende Flut hallt.

Homer
(ca. 8. Jh. v. Chr.),
»Ilias«

Charakter, die Fähigkeit, unter Ihnen und mit den anderen im Team zu arbeiten, und das Vermögen, Verantwortung zu übernehmen und selbständig zu denken, sind nämlich genauso wichtig. Sie sollten sich auf das Team stützen, das Sie zusammengestellt haben, dürfen aber nicht sein Gefangener sein oder ihm zu viel Einfluss zugestehen.

Eine Schlüsselfunktion jeder Kommandokette ist die schnelle Lieferung von Informationen aus den Schützengräben, sodass Sie sich umgehend an die Umstände anpassen können. Der Informationsfluss wird umso besser sein, je kürzer und gerader die Kommandokette ist. Selbst dann werden Informationen auf ihrem Weg durch sie oft verwässert.

Sie brauchen das, was der Militärhistoriker Martin van Creveld ein »gerichtetes Fernrohr« nennt: Menschen in verschiedenen Teilen der Kette, aber auch außerhalb von ihr, die Ihnen brandaktuelle Informationen vom Schlachtfeld liefern. Diese Personen – ein informelles Netz von Freunden, Verbündeten und Spionen – ermöglichen es Ihnen, die sich nur langsam bewegende Kette zu umgehen.

Das größte Einzelrisiko für Ihre Kette geht von den »politischen« Mitgliedern der Gruppe aus. Solche Menschen sprießen in allen Organisationen wie Unkraut hervor. Sie sind nicht nur auf ihren eigenen Vorteil aus, sondern bilden auch Splittergruppen, um ihre Agenden voranzubringen, und zerstören so den Zusammenhalt, den Sie aufgebaut haben. Sie interpretieren Ihre Anweisungen im Sinne ihres eigenen Ziels, finden in jeder Mehrdeutigkeit Schlupflöcher und erzeugen so unsichtbare Risse und Brüche in der Kette.

Sie sollten versuchen, sie von vornherein auszureißen. Sehen Sie sich bei der Auswahl von Personen für Ihr Team deren Geschichte an. Sind sie ruhelos? Ziehen sie oft von einem Ort zum anderen? Das ist ein Zeichen für die Form von Ehrgeiz, die verhindern wird, dass sie sich einfügen. Wenn andere Ihre Ideen exakt zu teilen scheinen, sollten Sie wachsam sein – sie reflektieren sie wahrscheinlich, um Ihnen Sand in die Augen zu streuen.

Es gibt noch eine andere Möglichkeit, die politischen Maulwürfe ins Abseits zu stellen: ihnen keinen Raum dafür zu geben, in der Organisation zu manövrieren. Wenn Sie die Maulwürfe in der Gruppe ausgemacht haben, müssen Sie sofort handeln, damit sie sich keine Machtbasis aufbauen können, von der aus sie Ihre Autorität zerstören könnten.

Schließlich sollten Sie auch auf die Anweisungen selbst achten – auf ihre Form und ihre Substanz. Unklare Anweisungen sind nutzlos. Wenn sie von einer Person zur anderen weitergegeben werden, verändern sie sich völlig, und Ihr Stab wird sie dann als Zeichen für Unsicherheit und Unentschlossenheit betrachten. Wenn Ihre Anweisungen jedoch zu spezifisch und zu knapp sind, werden Sie die Leute dazu anregen, sich wie Roboter zu verhalten und nicht mehr selbst zu denken.

Klare, bündige, begeisternde Befehle geben den Offizieren das Gefühl, die Kontrolle zu haben, und erfüllen die Truppen mit Kampfgeist.

Symbol: Die Zügel. Ein Pferd ohne Zügel ist nutzlos; ein Pferd, an dessen Zügeln Sie bei jeder Richtungsänderung ziehen, in dem vergeblichen Bemühen, es unter Kontrolle zu behalten, allerdings auch. Die Kontrolle erlangt man dadurch, dass man fast loslässt, dass man die Zügel so leicht hält, dass das Pferd keinen Zug verspürt, sondern schon die geringste Veränderung bei der Spannung, und darauf so reagiert, wie der Reiter es möchte. Diese Kunst kann nicht jeder beherrschen.

Garant: Besser ein schlechter General als zwei gute. (Napoleon Bonaparte, 1769–1821)

GESETZ

6

Die Strategie des kontrollierten Chaos

Teilen Sie Ihre Truppen auf

Die kritischen Elemente des Krieges sind Schnelligkeit und Anpassungsfähigkeit – sich schneller bewegen zu können als der Feind und Entscheidungen schneller treffen zu können. Heutzutage ist allerdings beides nur schwer zu erreichen. Uns stehen mehr Informationen zur Verfügung als je zuvor, und das erschwert die Interpretation und die Entscheidungsfindung. Wir müssen mehr Menschen managen, sie sind weiter verstreut, und wir sehen uns mehr Unsicherheit gegenüber. Sie sollten von Napoleon lernen, dem größten Meister der Kriegführung: Schnelligkeit und Anpassungsfähigkeit gibt es nur bei flexiblen Organisationen. Deshalb sollten Sie Ihre Streitkräfte in unabhängige Gruppen aufteilen, die selbständig operieren und Entscheidungen fällen können. Sorgen Sie dafür, dass Ihre Truppen schwer zu fassen und nicht aufzuhalten sind, indem Sie ihnen den Geist des Feldzugs einimpfen, ihnen eine Mission geben, die sie erfüllen sollen, und sie dann gegen den Feind schicken.

Schlüssel zur Kriegführung

Historisch gesehen waren diejenigen Heerführer am erfolgreichsten, die ihre Soldaten nicht zu Robotern machten und nicht versuchten, alles von der Spitze aus zu kontrollieren, sondern den ihnen unterstellten Offizieren erheblichen Freiraum zugestanden – das lässt sich heute nicht mehr bestreiten. Die römischen Zenturionen und Militärtribune; die Marschälle Napoleons; die Befehlshaber in Moltkes Armeen; Ludendorffs Sturmtrupps – das sind alles Beispiele (jeweils im Rahmen des damaligen Standes bei der technologischen Entwicklung) dafür, wie die Dinge in einigen der erfolgreichsten Armeen aller Zeiten gehandhabt wurden.

MARTIN VAN CREVELD, »COMMAND IN WAR«

Gute Strategien bedeuten nicht, einen brillanten Plan auszuführen, bei dem man schrittweise vorgeht. Man muss sich vielmehr in Situationen versetzen, in denen man mehr Optionen hat als der Feind. Eine starre, zentralisierte Organisation wird Sie zu linearen Strategien zwingen; eine bewegliche, aufgeteilte Armee hingegen eröffnet Ihnen Möglichkeiten. Die Struktur *ist* schon die Strategie – vielleicht die wichtigste strategische Entscheidung, die Sie jemals treffen werden. Falls Sie einmal eine Gruppe übernehmen, sollten Sie ihre Struktur analysieren und so ändern, dass sie Ihre Anforderungen erfüllt. Stecken Sie Ihre kreative Energie in ihre Organisation, setzen Sie sich Beweglichkeit zum Ziel.

Der deutsche Generalstab, der von 1808 bis zum Ende des Zweiten Weltkriegs bestand – also in einer Periode, in der die Deutschen zunächst ständig andere Armeen auf dem Feld besiegten –, sollte als Organisationsmodell für alle Gruppen dienen, die auf Beweglichkeit und strategische Tiefe abzielen. Erstens war die Struktur des Stabes beweglich, sodass die Befehlshaber sie an ihre jeweiligen Bedürfnisse anpassen konnten. Zweitens überprüfte er sich ständig selbst und änderte sich gemäß dem, was er gelernt hatte. Drittens reproduzierte er seine Struktur in den gesamten Streitkräften: Seine Offiziere bildeten die ihnen unterstellten Offiziere aus und die wiederum die ihnen unterstellten. Auch der kleinsten Einheit wurde die Gesamtphilosophie der Gruppe vermittelt. Schließlich gab der Stab keine starren Befehle, sondern bezog sich auf das Gesamtziel und erteilte Anweisungen, die von ihrem Geist her befolgt werden sollten, nicht nach ihrem Wortlaut. Diese Taktik führte dazu, dass die Offiziere und Mannschaften sich stärker kreativ eingebunden fühlten; ihre Leistungen verbesserten sich, der Prozess der Entscheidungsfindung beschleunigte sich. Beweglichkeit wurde in das System hineingeschrieben.

Der Schlüssel ist hier eine alles umfassende Gruppenphilosophie. Man kann sie um die Sache herum aufbauen, für die man kämpft, oder um die Überzeugung, dass der Feind moralisch verdorben ist. Sie müssen die Gruppe um diese Überzeugung herum zusammenbringen. Erfinden Sie Übungen, die das gegenseitige Wissen Ihrer Soldaten und ihr Vertrauen zueinander vergrößern. Dadurch werden sich zwischen ihnen implizite Kommunikationsfertigkeiten entwickeln, und ihr intuitives Gespür dafür, was als Nächstes zu tun ist, wird wachsen. Sie dürfen Teamgeist und Zusammenhalt allerdings nicht mit einer geselligen Klubatmosphäre verwechseln. Wenn Sie Ihre Soldaten verhätscheln und sich so verhalten, als wären sie alle gleich, werden Sie die Disziplin und den Zusammenhalt zerstören und die Entstehung von Splittergruppen fördern.

Schließlich müssen Sie Ihre Gruppe gemäß den Stärken und Schwächen der Soldaten, ihren sozialen Umständen, strukturieren. Bekämpfen Sie ihre Eigenheiten nicht, sondern verwandeln Sie sie in Tugenden, in eine Möglichkeit, Ihre Stärke zu steigern.

Pattons Befehlsphilosophie war: »Man darf den Leuten nie sagen, wie sie etwas machen sollen. Man muss ihnen sagen, was sie tun sollen – dann werden sie uns durch ihren Einfallsreichtum und ihre Geschicklichkeit überraschen.«

CARLO D'ESTE, »PATTON«

Symbol:
Das Spinnennetz. Die
meisten Tiere greifen gradlinig
an; die Spinne hingegen webt ein
Netz, das an die Umgebung angepasst
ist, und zwar immer nach einem – einfachen oder komplexen – Muster. Wenn
das Netz fertig ist, ist die Arbeit der Spinne
getan. Sie braucht nicht auf die Jagd
zu gehen; sie wartet einfach darauf,
dass irgendein Dummkopf sich
in den kaum sichtbaren
Fäden ihres Netzes
verfängt.

Garant: Die Kriegführung fußt auf der Täuschung, wird durch die Aussicht auf den Gewinn angetrieben und vollzieht sich in ständig sich wandelnden Konstellationen.

Daher heißt es, ungestüm sein wie der Wind und bedächtig wie der Wald, gefräßig wie das Feuer und unerschütterlich wie der Berg, unauslotbar wie das Dunkel und beweglich wie Blitz und Donner. (Sunzi, 5./6. Jh. v. Chr., »Die Kunst des Krieges«)

GESETZ

7

Kampfgeist und Moral als Strategieelemente

Einen Kreuzzug aus dem Krieg machen

Wie kann man Menschen motivieren und ihre Moral aufrechterhalten? Das Geheimnis besteht darin, sie dazu zu bringen, weniger an sich selbst und mehr an die Gruppe zu denken. Beziehen Sie sie in eine würdige Sache ein, in einen Kreuzzug gegen einen verhassten Feind. Sie müssen zu der Überzeugung kommen, dass ihr Überleben an den Erfolg der Armee als Ganzes geknüpft ist. In einer Gruppe, in der sich eine echte Bindung gebildet hat, sind die Stimmungen und Emotionen so ansteckend, dass es leicht wird, Ihre Truppen mit Begeisterung zu erfüllen. Führen Sie von der Front aus: Ihre Soldaten sollen Sie in den Schützengräben sehen, sie sollen miterleben, dass Sie für die Sache Opfer bringen. Das wird in ihnen den Wunsch wecken, Ihnen nachzueifern und zu gefallen. Sowohl die Belohnungen als auch die Strafen sollten selten, aber bedeutungsvoll sein. Sie wissen ja, dass eine motivierte Armee Wunder vollbringen und jeden Mangel bei den Mitteln ausgleichen kann.

Die Kunst der Menschenführung

Mit einer Armee, die ein Gemenge von einhundert Menschen hier, einhundert Menschen da und so weiter ist, kann man überhaupt nichts anfangen. Was man mit 4 000 Mann erreichen kann, die vereint Schulter an Schulter stehen, kann man mit 40 000 oder sogar 400 000 nicht schaffen, wenn sie geteilt sind und durch innere Konflikte teils in die eine Richtung, teils in die andere gezerrt werden.

Mubarak Shah (13. Jh.), »Rules of War and Bravery«

Der Mensch ist von Natur aus selbstsüchtig. Unsere ersten Gedanken kreisen in allen Situationen um unsere eigenen Interessen: Wie wird sich das *auf mich* auswirken? Wie wird es *mir* helfen? Gleichzeitig bemühen wir uns aus der Notwendigkeit heraus, unsere Selbstsucht zu verbergen und unsere Motive altruistisch und uneigennützig aussehen zu lassen. Die tief verwurzelte Selbstsucht und die Fähigkeit, sie zu verbergen, werden Ihnen als Führer Probleme bereiten. Vielleicht denken Sie, dass die Leute, die für Sie arbeiten, wirklich begeistert und interessiert sind – das ist ja das, was sie sagen und was ihre Handlungen zu zeigen scheinen. Allmählich erkennen Sie aber Anzeichen dafür, dass diese oder jene Person ihre Position in der Gruppe benutzt, um rein persönliche Interessen zu fördern. Eines Tages wachen Sie auf und müssen feststellen, dass Sie eine Armee aus selbstsüchtigen, hinterlistigen Individuen führen.

An dieser Stelle beginnen Sie, über die Kampfmoral nachzudenken – wie können Sie eine Möglichkeit finden, Ihre Leute zu motivieren und zu einer Gruppe zusammenzuschweißen? Vielleicht versuchen Sie, sie geschickt zu loben, ihnen die Chance auf eine Belohnung zu bieten – nur um erkennen zu müssen, dass Sie sie verzogen und ihre Selbstsucht noch gesteigert haben. Oder Sie probieren es mit Strafen und Disziplin – und schüren bei den Leuten nur Groll und Abwehr. Möglicherweise versuchen Sie auch, ihnen durch Reden und Gruppenaktivitäten Feuer einzuhauchen – doch die Leute sind heute Zweifler und werden Sie mühelos durchschauen.

Das Problem ist nicht das, was Sie tun, sondern dass Sie damit zu spät dran sind. Sie haben erst angefangen, über die Kampfmoral nachzudenken, als sie zu einem Problem geworden war, nicht vorher. Das ist Ihr Fehler. Sie sollten von den größten Motivatoren und Militärführern der Geschichte lernen: Wenn man Soldaten dazu bringen will, zusammenzuarbeiten und die Moral nicht sinken zu lassen, muss man dafür sorgen, dass sie sich als Teil einer Gruppe fühlen, die für eine würdige Sache kämpft. Das lenkt sie von ihren eigenen Interessen ab und erfüllt ihnen das menschliche Bedürfnis, sich als Teil von etwas zu fühlen, was größer ist als sie selbst. Je mehr sie an die Gruppe denken, desto weniger denken sie an sich. Bald beginnen sie, ihren eigenen Erfolg mit dem der Gruppe zu verknüpfen; ihre eigenen Interessen und die größeren Interessen decken sich. In so einer Armee wissen die Leute, dass selbstsüchtiges Verhalten in den Augen ihrer Mitstreiter Schande über sie bringen wird. Sie unterwerfen sich einer Art Gruppengewissen.

Die Kampfmoral ist ansteckend; wenn man Menschen in eine lebendige Gruppe steckt, in der Zusammenhalt herrscht, nehmen sie diesen Geist von Natur aus auf. Falls sie sich aber auflehnen oder zum selbstsüchtigen Verhalten zurückkehren, isolieren sie sich selbst. Diese Dynamik müssen Sie etablieren, sobald Sie der Leiter der Gruppe werden; sie muss von oben kommen – von Ihnen.

Es ist also auch beim Militär wichtig, die richtige Gruppendynamik aufzubauen und den kollektiven Geist zu bewahren. Um die optimale Gruppendynamik zu erschaffen und ruinöse Probleme mit der

Gibt's einen Harnisch wie des Herzens Reinheit?

Dreimal bewehrt ist der gerechte Streiter,

Und nackt ist der, obschon in Stahl verschlossen,

Dem Unrecht das Gewissen angesteckt!

WILLIAM SHAKESPEARE (1564–1616), »KÖNIG HEINRICH VI.«

Kampfmoral zu verhindern, sollten Sie die acht folgenden, aus den Werken und Erfahrungen der größten Meister dieser Kunst zusammengestellten Schritte durchführen.

1. Schritt: Vereinen Sie Ihre Truppen um eine würdige Sache herum. Lassen Sie sie für eine Idee kämpfen. Heute sehnen sich die Menschen stärker als je zuvor danach, an etwas zu glauben. Sie verspüren eine innere Leere, die sie, wenn man sie sich selbst überlassen würde, vielleicht mit Drogen oder spirituellen Modeerscheinungen füllen würden; Sie können diese Sehnsucht jedoch ausnutzen und in eine Sache leiten, für die zu kämpfen sich lohnt. Wenn Sie die Leute von so einer Sache überzeugen können, werden Ihre Streitkräfte motiviert sein.

Bei der Wahl der Sache sind Sie völlig frei, doch Sie sollten sie als fortschrittlich darstellen: Sie passt in die Zeit, sie steht auf der Seite der Zukunft – daher ist sie zum Erfolg bestimmt. Wenn nötig können Sie ihr einen Anstrich von Spiritualität verleihen. Am besten ist es, einen Feind zu haben, den man hassen kann – ein Feind kann es einer Gruppe ermöglichen, sich über Gegensätze zu definieren. Wer diesen Schritt unterlässt, wird sich mit einer Armee von Söldnern wiederfinden und das Schicksal, das derartige Armeen gewöhnlich erwartet, verdient haben.

2. Schritt: Sorgen Sie dafür, dass ihre Bäuche immer voll sind. Menschen können nicht motiviert bleiben, wenn ihre materiellen Bedürfnisse unerfüllt bleiben. Falls sie sich auf irgendeine Weise ausgebeutet fühlen, wird ihre natürliche Selbstsucht an die Oberfläche kommen, und sie werden beginnen, sich aus der Gruppe zu lösen. Sie sollten zwar eine abstrakte oder spirituelle Sache benutzen, um sie zusammenzubringen, ihnen aber auch ihre materiellen Bedürfnisse erfüllen. Sie brauchen sie nicht zu verwöhnen, indem Sie ihnen zu viel zahlen; das Gefühl, dass Sie sich fast wie ein Vater um sie kümmern, dass Sie an ihr Wohlergehen denken, ist wichtiger. Wenn Sie ihnen ihre körperlichen Bedürfnisse erfüllen, wird es leichter für Sie sein, mehr von ihnen zu verlangen, wenn die Zeit dafür gekommen ist.

3. Schritt: Führen Sie von der Spitze aus. Die Begeisterung, mit der Menschen sich einer Sache verschreiben, lässt im Laufe der Zeit unvermeidbar nach. Einer der Faktoren, die ihr Schwinden beschleunigen und Unzufriedenheit hervorrufen, ist das Gefühl, dass die Führer nicht das vorleben, was sie predigen. Ihre Truppen müssen von Anfang an sehen, dass Sie von der Spitze aus führen, dass Sie ihre Gefahren und Opfer teilen – dass Sie die Sache genauso ernst nehmen wie sie. Sie sollten nicht versuchen, sie von hinten zu schieben, sondern sie dazu bringen, zu laufen, um mit Ihnen Schritt zu halten.

4. Schritt: Konzentrieren Sie ihr Chi. Die Chinesen glauben an eine Energie, die *Chi* genannt wird und allem Lebendigen innewohnt. Alle Gruppen haben ihr eigenes Chi-Niveau, im physischen und im psychischen Bereich. Führer müssen diese Energie verstehen und wissen, wie man sie beeinflussen kann.

Untätigkeit hat verheerende Auswirkungen auf das Chi. Wenn Soldaten nicht arbeiten, verzagen sie.

Zweifel schleichen sich ein, selbstsüchtige Interessen treten in den Vordergrund. Auch eine ständige Defensive, ein unablässiges Warten und Reagieren auf das, was der Feind macht, wird dem Chi Abbruch tun. Daher sollten Sie dafür sorgen, dass Ihre Soldaten beschäftigt sind, dass sie mit einem Zweck im Sinn arbeiten und sich in eine Richtung bewegen. Lassen Sie sie nicht auf den nächsten Angriff warten, sondern treiben Sie sie voran – das wird sie in Erregung versetzen und sie hungrig auf den Kampf machen. Durch aggressives Handeln wird das Chi konzentriert, und ein konzentriertes Chi ist voll latenter Kraft.

5. Schritt: Nutzen Sie ihre Gefühle. Man kann Menschen nicht durch Vernunft am besten motivieren, sondern durch Gefühle. Sie sind jedoch von Natur aus defensiv eingestellt, und wenn Sie mit einem Appell an ihre Gefühle – einer flammenden Rede – beginnen, werden Ihre Leute Sie als Manipulator betrachten und zurückschrecken. Ein Appell an die Gefühle muss gut vorbereitet werden: Sie müssen die Leute dazu bringen, ihre Verteidigung zu lockern und sich zu einer Gruppe zu verbinden, indem Sie ihnen eine Show liefern, sie unterhalten, ihnen eine Geschichte erzählen. Dann haben sie weniger Kontrolle über ihre Gefühle und Sie können direkter auf sie zugehen und ihr Lachen leicht in Wut oder Hass verwandeln. Gute Führer haben ein feines Gespür für Dramatik – sie wissen, wann und wie sie ihre Soldaten im Kern treffen können.

6. Schritt: Vermischen Sie Härte und Freundlichkeit.
Der Schlüssel zur Führung von Soldaten ist ein Gleichgewicht zwischen Strafen und Belohnungen. Durch zu viele Belohnungen werden Sie Ihre Leute verwöhnen, sodass sie sie als selbstverständlich betrachten; durch zu viele Strafen werden Sie ihre Moral zerstören. Sie müssen also das richtige Gleichgewicht finden. Wenn Sie sparsam mit Ihrer Freundlichkeit umgehen, wird schon eine gelegentliche herzliche Bemerkung oder ein Akt der Großzügigkeit von enorm großer Bedeutung sein. Wut und Strafen sollten ebenso selten sein; Ihre Härte sollte sich eher in einem sehr hohen Standard äußern, den nur wenige erfüllen können. Bringen Sie Ihre Soldaten dazu, miteinander darum zu wetteifern, Ihnen zu gefallen, dafür zu kämpfen, weniger Härte und mehr Freundlichkeit zu erleben.

7. Schritt: Bauen Sie einen Gruppenmythos auf. Die Armeen mit der größten Moral sind bereits schlachterprobt. Soldaten, die bei vielen Feldzügen Seite an Seite gekämpft haben, schmieden eine Art Gruppenmythos, der auf ihren bisherigen Siegen beruht. Es wird dann eine Frage des Stolzes, die Tradition und das Ansehen der Gruppe aufrechtzuerhalten; wer sie im Stich lässt, schämt sich. Um diesen Mythos erzeugen zu können, müssen Sie Ihre Truppen auf möglichst viele Feldzüge führen. Dabei sollten Sie mit leichten Kämpfen anfangen, bei denen sie siegen können, um ihr Selbstvertrauen aufzubauen. Schon der Erfolg wird die Gruppe enger zusammenschweißen. Sie sollten Symbole und Wahlsprüche erfinden, die zu dem Mythos passen. Dann werden Ihre Soldaten dazugehören wollen.

8. Schritt: Zeigen Sie Nörglern gegenüber keine Nachsicht. Wenn Sie den Nörglern und den chronisch Unzufriedenen auch nur den geringsten Freiraum lassen, werden sie in der ganzen Gruppe Unruhe und sogar Panik verbreiten. Diese Leute müssen Sie isolieren und loswerden, so schnell Sie können. Bei allen Gruppen gibt es einen Kern von Personen, die motivierter und disziplinierter sind als die anderen. Das sind Ihre besten Soldaten! Sie müssen sie anerkennen, ihren guten Willen pflegen und sie zu Vorbildern aufbauen. Diese Menschen werden als natürliches Bollwerk gegen jene dienen, die unruhig und in Panik sind.

Symbol:
Die Gezeiten des
Ozeans. Das Wasser geht
und kommt mit solcher Kraft, dass
niemand, der in seinen Weg gerät, seinem Sog entkommen oder sich gegen
ihn bewegen kann. Sie sind wie der
Mond, Sie bringen die Gezeiten, die alles mitreißen.

Garant: Die Moral bewirkt, daß das Volk sich mit dem Herrscher im Einvernehmen befindet. Nur so wird es auf Leben und Tod für ihn einstehen und allen Gefahren trotzen. (Sunzi, 5./6. Jh. v. Chr., »Die Kunst des Krieges«)

Dritter Teil

Defensive Kriegführung

Defensiv zu kämpfen ist kein Zeichen von Schwäche, sondern der Gipfel der strategischen Klugheit, ein sehr wirkungsvoller Stil der Kriegführung. Seine Anforderungen sind leicht zu erfüllen: Zuerst müssen Sie aus Ihren Ressourcen das Beste machen, Sie müssen mit perfekter Ökonomie kämpfen und dürfen sich nur auf die Schlachten einlassen, die nötig sind. Zweitens müssen Sie wissen, wie und wann Sie sich zurückziehen müssen, um einen aggressiven Feind zu einem unklugen Angriff zu verlocken. Dann müssen Sie geduldig auf den Augenblick warten, in dem der Feind erschöpft ist, und einen heftigen Gegenangriff führen.

Um auf diese Weise kämpfen zu können, müssen Sie die Kunst der Täuschung beherrschen. Wenn Sie schwächer scheinen, als Sie sind, können Sie den Feind zu einem unbesonnenen Angriff verleiten; wenn Sie stärker wirken, als Sie sind, können Sie den Feind von einem Angriff abhalten. Bei defensiver Kriegführung verwandeln Sie im Wesentlichen Ihre Schwächen und Beschränkungen in Stärke und den Sieg.

In den vier folgenden Kapiteln geht es um die fundamentale Kunst der defensiven Kriegführung: um Ökonomie bei den Mitteln, Gegenangriffe, Einschüchterung und Abschreckung und darum, wie man sich bei einem aggressiven Angriff des Feindes geschickt zurückziehen und still verhalten kann.

GESETZ

8

Die Strategie der perfekten Ökonomie

Seine Schlachten mit Bedacht wählen

Wir haben alle Grenzen – unsere Energien und Fertigkeiten werden uns nur bis zu einem bestimmten Punkt bringen. Gefährlich wird es, wenn wir versuchen, unsere Grenzen zu überschreiten. Wenn wir uns durch irgendeinen funkelnden Preis dazu verführen lassen, uns zu überanstrengen, sind wir am Schluss erschöpft und verwundbar. Sie müssen Ihre Grenzen kennen und Ihre Schlachten mit Bedacht wählen. Denken Sie an die versteckten Kosten eines Krieges: verlorene Zeit, verschwendeter politischer Goodwill, ein verbitterter Feind, der auf Rache aus ist ... Manchmal ist es besser, zu warten und unsere Feinde im Verborgenen zu unterminieren, als gleich offen loszuschlagen. Wenn eine Schlacht sich mal nicht vermeiden lässt, sollten Sie den Feind dazu bringen, zu Ihren Bedingungen zu kämpfen. Zielen Sie auf seine Schwächen; machen Sie den Krieg für ihn teuer, für Sie selbst jedoch billig. Wer mit perfekter Ökonomie kämpft, kann letztlich auch den stärksten Feind überdauern.

Schlüssel zur Kriegführung

Die im Altertum gerühmten Feldherren blieben siegreich, weil sie dann kämpften, wenn der Sieg leicht fiel. Daher siegten die tüchtigen Feldherren niemals überraschend und gerieten dadurch auch nicht in den Ruf besonderer Weisheit oder übergroßer Tapferkeit.

Ihr Sieg stand außer Zweifel, und daß er außer Zweifel stand, kam daher, daß ihre Vorkehrungen den Sieg bedingten und daß sie einen Gegner besiegten, der schon längst geschlagen war.

SUNZI
(5./6. JH. V. CHR.),
»DIE KUNST
DES KRIEGES«

Überfluss macht weich und dekadent. Wir sind dann von dem gelangweilt, was wir haben, und brauchen ständig Schocks, um uns daran zu erinnern, dass wir leben. Wir müssen im Leben Krieger sein, und der Krieg erfordert Realismus. Mögen andere in endlosen Träumen Schönheit finden – Krieger finden sie in der Wirklichkeit, im Bewusstsein ihrer Grenzen, darin, das Beste aus dem zu machen, was sie haben. Sie suchen nach der perfekten Ökonomie der Bewegungen und Gesten – danach, wie sie ihren Schlägen mit der geringsten Anstrengung die größte Wucht verleihen können. Das Bewusstsein, dass ihre Tage gezählt sind – dass sie jeden Augenblick sterben könnten –, verwurzelt sie in der Realität.

Armeen, die beim Geld, bei den Mitteln und der Feuerkraft überlegen zu sein scheinen, sind gewöhnlich berechenbar. Sie verlassen sich auf ihre Ausrüstung statt auf ihr Wissen und ihre Strategie, und ihr Geist wird träge. Wenn Probleme auftreten, besteht ihre Lösung darin, noch mehr von dem anzuhäufen, was sie bereits haben. Den Sieg bringt uns aber nicht das, was wir haben, sondern die Weise, auf die wir es benutzen. Wer weniger hat, ist von Natur aus erfinderischer. Kreativität verschafft Ihnen gegenüber Feinden, die von der Technologie abhängig sind, einen Vorteil – Sie werden mehr lernen, anpassungsfähiger sein und sie überlisten. Da Sie Ihre begrenzten Ressourcen nicht verschwenden dürfen, werden Sie sie gut einsetzen. Die Zeit wird auf Ihrer Seite sein.

Sollten Sie weniger haben als der Feind, ist das kein Grund, zu verzweifeln. Sie können die Situation immer umkehren, durch perfekte Ökonomie. Falls Sie und Ihr Feind von den Mitteln her ebenbürtig sind, ist es gar nicht so wichtig, sich mehr Waffen zu beschaffen – Sie müssen das, was Sie haben, besser nutzen! Falls Sie mehr haben als der Feind, ist es so wichtig wie immer, ökonomisch zu kämpfen.

Krieg ist ein Gleichgewicht zwischen den Zielen und den Ressourcen: Ein General mag den besten Plan haben, um ein bestimmtes Ziel zu erreichen – wenn ihm die Mittel für die Umsetzung fehlen, ist sein Plan wertlos. Daher haben kluge Generäle im Laufe der Zeit gelernt, zunächst zu untersuchen, welche Mittel sie zur Verfügung haben, und dann aus diesem Wissen heraus ihre Strategie zu entwickeln.

Probieren Sie bei Ihrem nächsten Feldzug doch mal etwas aus: Denken Sie weder über Ihre soliden Ziele nach noch über Ihre Wunschträume, und planen Sie Ihre Strategie nicht auf Papier. Denken Sie stattdessen intensiv über das nach, was Sie haben – über das Material und die Mittel, mit denen Sie arbeiten können. Versenken Sie sich nicht in Träume und Pläne, sondern stehen Sie mit beiden Beinen in der Realität: Denken Sie an Ihre eigenen Fertigkeiten, an Ihren eventuellen politischen Vorteil, die Moral Ihrer Truppen und die Kreativität, mit der Sie die Mittel nutzen können, die Ihnen zur Verfügung stehen. Lassen Sie Ihre Pläne und Ziele dann aus diesem Prozess heraus wachsen. Dann werden Ihre Strategien nicht nur realistischer sein, sondern auch einfallsreicher und durchschlagender. Zuerst von dem zu träumen, was man will, und sich dann zu bemühen, die Mittel dafür zu finden, wird mit Si-

Achilleus ri̇̄ Troer auf ur̃ ̄ ver̄folgte sie bis vor die Mauern der Stadt; aber das Schicksal nahm seinen Lauf. Poseidon und Apollon, die gelobt hatten, den Tod des Kyknos und des Troilos zu rächen und gewisse unverschämte Prahlereien zu bestrafen, die Achilleus über der Leiche des Hektor geäußert hatte, berieten sich miteinander. Von einer Wolke verschleiert stand Apollon am Skaiischen Tor und suchte Paris im Getümmel der Schlacht auf; er wendete dessen Bogen und lenkte den tödlichen Pfeil. Er traf den einzigen verwundbaren Körperteil des Achilleus, die rechte Ferse. Qualvoll mußte er sterben.

ROBERT VON RANKE-GRAVES (1895–1985), »GRIECHISCHE MYTHOLOGIE«

> *Jede Beschränkung hat ihren Wert. Aber wenn diese Beschränkung noch dauernde Anstrengung erfordert, dann ist sie mit zu viel Kraftaufwand verbunden. Wo die Beschränkung aber etwas Natürliches ist, wie es z. B. in der Natur des Wassers liegt, nach unten zu fließen, da führt sie notwendig zu Erfolg, weil sie in diesem Fall eine Kraftersparnis bedeutet. Die Energie, die sonst im natürlichen Kampf mit dem Objekt sich erschöpft, kommt restlos der Sache zugute, und der Erfolg kann nicht ausbleiben.*
>
> »I-GING«
> (CA. 8. JH. V. CHR.)

cherheit zu Erschöpfung, Verschwendung und einer Niederlage führen.

Es wäre ein Fehler, Billigkeit mit perfekter Ökonomie gleichzusetzen – Armeen haben durch zu geringe Ausgaben schon ebenso oft Niederlagen erlitten wie durch zu hohe. Perfekte Ökonomie bedeutet nicht, dass man seine Ressourcen hortet. Das ist keine Ökonomie, sondern Geiz – und im Krieg tödlich. Perfekte Ökonomie bedeutet vielmehr, eine goldene Mitte zu finden, eine Ebene, auf der Ihre Schläge zählen, aber nicht dazu führen, dass Sie ermüden. Übertriebene Ökonomie wird Sie stärker erschöpfen, denn der Krieg wird sich weiter hinziehen, und die Kosten werden steigen, ohne dass Sie je einen K.-o.-Schlag anbringen könnten.

Es gibt mehrere Taktiken, bei denen es gut möglich ist, ökonomisch zu kämpfen. Man kann beispielsweise auf Täuschung setzen – das kostet relativ wenig, kann aber zu großartigen Ergebnissen führen. Täuschung kann der schwächeren Seite wunderbar zu Gleichheit verhelfen. Zu dieser Kunst gehören die Beschaffung von Informationen, die Verbreitung falscher Informationen und die Verwendung von Propaganda, um im Lager des Feindes Widerstand gegen den Krieg zu wecken.

Zweitens sollten Sie sich Gegner suchen, die Sie schlagen können. Gehen Sie Feinden aus dem Weg, die nichts zu verlieren haben – sie werden alles daransetzen, Sie zu bezwingen. Durch leicht errungene Siege können Sie die Moral heben, Ihr Ansehen verbessern und Schwung gewinnen; vor allem aber kosten sie Sie nicht viel.

Natürlich wird es auch mal vorkommen, dass Ihre

Kalkulation sich als falsch herausstellt, dass ein scheinbar leichter Feldzug sich als schwierig erweist. Es lässt sich nun mal nicht alles vorhersehen. Daher ist es nicht nur wichtig, dass Sie Ihre Schlachten mit Bedacht wählen, sondern Sie müssen auch wissen, wann Sie Ihre Verluste akzeptieren und aufhören sollten. Machen Sie dann nicht aus Frustration oder Stolz weiter – es steht zu viel auf dem Spiel!

Durch ökonomisches Kämpfen können Sie Schwung aufbauen. Sie können sich das so vorstellen, dass Sie Ihre Balance finden – ein perfektes Gleichgewicht zwischen dem, was Sie tun können, und der anstehenden Aufgabe. Wenn Sie Ihre Grenzen erkennen, werden Sie sie ausdehnen; wenn Sie aus dem, was Sie haben, das Beste machen, werden Sie mehr haben.

Symbol: Der Schwimmer. Das Wasser setzt uns Widerstand entgegen – wir können nur mit sehr begrenztem Tempo vorankommen. Manche Menschen prügeln auf das Wasser ein, in dem Bemühen, durch Gewalt schneller zu werden; dadurch erzeugen sie aber lediglich Wellen und damit mehr Widerstand auf ihrem Weg. Andere sind zu zaghaft und treten so schwach, dass sie sich kaum vorwärtsbewegen. Wirklich geschickte Schwimmer behandeln die Wasseroberfläche mit perfekter Ökonomie, sodass das Wasser vor ihnen glatt und eben bleibt. Sie bewegen sich so schnell, wie das Wasser es zulässt, und legen große Entfernungen mit gleichbleibendem Tempo zurück.

Garant: Der Werth einer Sache liegt mitunter nicht in Dem, was man mit ihr erreicht, sondern in Dem, was man für sie bezahlt, – was sie uns kostet. Friedrich Nietzsche (1844–1900), »Götzen-Dämmerung«

GESETZ

9

Die Strategie des Gegenangriffs

Den Spieß umdrehen

Wenn Sie sich als Erster bewegen – den Angriff einleiten –, werden Sie oft ins Hintertreffen geraten: Sie enthüllen dann Ihre Strategie und schränken Ihre Optionen ein. Entdecken Sie lieber, welche Kraft darin steckt, sich zurückzuhalten und es der anderen Seite zu überlassen, sich zuerst zu bewegen! Dann können Sie nämlich aus jedem nur möglichen Winkel angreifen. Falls Ihre Gegner aggressiv sind, sollten Sie sie zu einem überstürzten Angriff verleiten, nach dem sie in einer schwächeren Position sein werden. Lernen Sie, ihre Ungeduld, ihr brennendes Verlangen, Ihnen Schaden zuzufügen, zu benutzen, um sie aus dem Gleichgewicht zu bringen, sodass sie stürzen. In schwierigen Augenblicken sollten Sie nicht verzweifeln oder den Rückzug antreten – jede Situation lässt sich wenden! Wenn Sie lernen, sich zurückzuhalten, auf den richtigen Augenblick für einen überraschenden Gegenangriff zu warten, kann Ihre Schwäche sich in Stärke verwandeln.

Schlüssel zur Kriegführung

Ein schneller, kräftiger Übergang zum Angriff – das blitzende Vergeltungsschwert – ist der glänzendste Punkt der Verteidigung ...

CARL VON CLAUSEWITZ (1780–1831), »VOM KRIEGE«

Vor Tausenden von Jahren, als die Militärgeschichte noch in den Kinderschuhen steckte, fiel Strategen aus verschiedenen Kulturen ein seltsames Phänomen auf: Bei Schlachten gewann am Ende oft die Seite, die in der Defensive war. Dafür schien es mehrere Gründe zu geben. Erstens hatte der Angreifer, wenn er einmal mit seinem Angriff begonnen hatte, keine Überraschungen mehr auf Lager – die andere Seite konnte seine Strategie deutlich erkennen und sich davor schützen. Zweitens war der Angreifer in einer schwachen Position, wenn es dem Gegner gelang, seinen ersten Angriff zurückzuschlagen; seine Armee hatte dann ihre Organisation verloren und war erschöpft. (Es erfordert mehr Energie, Land einzunehmen, als es zu halten.) Wenn die Verteidiger diese Schwäche nutzen konnten, um einen Gegenschlag durchzuführen, konnten sie den Feind häufig zum Rückzug zwingen.

Auf Grundlage dieser Beobachtungen wurde die Kunst des Gegenangriffs entwickelt. Ihr großer Vorteil war, dass man dem Feind den ersten Schlag überließ, dass man ihn aktiv zu einem aggressiven Angriff verlockte, der seine Energie aufzehrte und seine Linien aus dem Gleichgewicht brachte; danach zog man dann Vorteile aus seiner Schwäche und Desorganisation.

Im Grunde ist der Gegenangriff der Ursprung der modernen Strategie. Er ist das erste wirkliche Beispiel für indirektes Vorgehen im Krieg und stellt einen großen Durchbruch beim Denken dar: Der Gegenangriff ist nicht brutal und direkt, sondern subtil und trügerisch, er macht sich die Energie und die Aggressivität des Feindes zunutze, um ihn zu bezwingen. Obwohl es sich um eine der ältesten und fundamentalsten Strategien bei der Kriegführung handelt, ist er in vieler Hinsicht bis heute die effektivste geblieben und hat sich als enorm anpassbar an die modernen Umstände erwiesen.

Das Prinzip des Gegenangriffs lässt sich bei allen Wettbewerbs- und Konfliktformen anwenden, da es auf bestimmten Gegebenheiten bei der menschlichen Natur beruht. Wir sind von unserem Wesen her ungeduldig. Es fällt uns schwer, abzuwarten – wir wollen, dass unsere Wünsche uns möglichst schnell erfüllt werden. Das ist eine enorme Schwäche, denn es bedeutet, dass wir oft aktiv werden, ohne gründlich genug nachgedacht zu haben. Wenn wir überstürzt angreifen, beschneiden wir unsere Optionen und bringen uns in Schwierigkeiten. Geduld hingegen zahlt sich gerade im Krieg doppelt und dreifach aus; sie erlaubt es uns, Chancen zu wittern, einen Gegenschlag zu planen, der für den Feind überraschend kommen wird. Wer auf den richtigen Augenblick für Aktionen seinerseits warten kann, wird gegenüber denen, die ihrer natürlichen Ungeduld nachgeben, fast immer im Vorteil sein.

Wenn Sie lernen, geduldig zu sein, werden Ihre Optionen sich plötzlich ausweiten. Statt sich in kleinen Kriegen aufzureiben, können Sie sich Ihre Energie für den richtigen Augenblick aufsparen, die Fehler der anderen ausnutzen und auch in schwierigen Situationen klar denken. Dann werden Sie Möglichkeiten zum Gegenangriff sehen, wo andere nur noch die Kapitulation oder den Rückzug sehen.

Wenn der Feind sich in einer Zwangslage befindet und uns in eine Entscheidungsschlacht verwickeln will, sollten wir warten; wenn ein Kampf zwar für den Feind von Vorteil ist, nicht aber für uns, sollten wir warten; wenn wir uns auf keinen Fall rühren dürfen, weil derjenige, der sich zuerst bewegt, in Gefahr geraten wird, sollten wir warten; wenn zwei Feinde sich in einem Kampf befinden, der zu einer Niederlage oder zu Verletzungen führen wird, sollten wir warten; wenn die feindlichen Streitkräfte zwar zahlreich sind, aber unter Misstrauen leiden und dazu neigen, gegeneinander zu intrigieren, sollten wir warten; wenn der Befehlshaber des Feindes klug ist, aber durch einige seiner Kohorten behindert wird, sollten wir warten.

SUN HAICHEN, »THE WILES OF WAR«

> *Vieles ist ansteckend, zum Beispiel Gähnen und Schläfrigkeit. Auch das Zeitgefühl kann sich übertragen. Wenn in einer großen Schlacht der Gegner erregt eine schnelle Entscheidung sucht, bleibe man gelassen. Der Gegner wird sich daraufhin beruhigen und unaufmerksam werden. Dann kann man ihn rasch und kräftig angreifen und besiegen.*
>
> *Auch im Einzelkampf kann man den Gegner mit der eigenen Stimmung anstecken und so besiegen. Die bekannteste Vorgehensweise ist, ihn »trunken zu machen«, das heißt mit Langeweile, Sorglosigkeit oder Furchtsamkeit zu infizieren.*
>
> Miyamoto Musashi (1584–1645), »Das Buch der fünf Ringe«

Der Schlüssel für erfolgreiche Gegenangriffe liegt darin, ruhig zu bleiben, während der Feind zunehmend frustriert und gereizt wird. Im Japan des 16. Jahrhunderts kam eine neue Kampfweise auf, das *Shinkage*; dabei begann der Schwertkämpfer damit, dass er jede einzelne Bewegung des Gegners widerspiegelte. Den anderen widerzuspiegeln – ihm exakt das zurückzugeben, was er an uns ausgeteilt hat – ist eine sehr wirkungsvolle Methode des Gegenangriffs. Im Alltagsleben kann man die Leute durch Spiegelung und Passivität umgarnen und sie durch Schmeichelei dazu bringen, ihre Verteidigung zu lockern und sich Blößen für Angriffe zu geben. Man kann sie dadurch auch irritieren und aus der Fassung bringen.

Besonders wirksam sind Gegenangriffe bei »Barbaren« – bei Männern und Frauen, die von Natur aus ungewöhnlich aggressiv sind. Lassen Sie sich durch solche Menschen nicht einschüchtern! Sie sind in Wirklichkeit schwach und leicht aus der Balance zu bringen und zu täuschen. Der Trick besteht darin, sie anzustacheln, indem man sich schwach oder dumm stellt und sie gleichzeitig durch die Aussicht auf leichte Siege verführt.

Finden Sie heraus, mit welcher Emotion Ihr Feind am schlechtesten umgehen kann, und bringen Sie sie dann an die Oberfläche. Mit ein bisschen Arbeit Ihrerseits wird er sich Ihrem Gegenangriff offen darbieten.

Wenn Sie sich in der Defensive und in Schwierigkeiten befinden, ist die größte Gefahr stets der Impuls, überzureagieren. Sie werden die Stärke des Feindes oft übertreiben und sich selbst für schwächer halten, als Sie tatsächlich sind. Ein Schlüsselprinzip beim

Gegenangriff ist, die Situation nie als aussichtslos anzusehen. So stark der Feind auch wirken mag – er hat verletzliche Stellen, die Sie zur Entwicklung eines Gegenangriffs nutzen können. Wenn Sie Ihre eigene Schwäche richtig ausspielen, kann sie zu einer Stärke werden.

Ein Feind wirkt stark, weil er einen besonderen Vorteil hat – vielleicht beim Geld und bei den Ressourcen, vielleicht bei der Größe seiner Armee oder seines Territoriums, vielleicht auch auf einer subtileren Ebene, in Form seines moralischen Ansehens und Rufs. Was seine Stärke auch sein mag, sie ist in Wirklichkeit einfach deshalb eine eventuelle Schwäche, weil er sich auf sie verlässt; wenn es Ihnen gelingt, sie zu neutralisieren, wird er verwundbar sein.

Sie müssen aber nicht nur die Stärken des Feindes neutralisieren, sondern auch Vorteile aus Ihren eigenen Schwächen ziehen. Sollten beispielsweise Ihre Streitkräfte klein sein, sind sie auch beweglich; diese Beweglichkeit können Sie bei einem Gegenangriff ausnutzen. Ist Ihr Ansehen schlechter als das des Feindes? Das bedeutet nur, dass Sie weniger zu verlieren haben. Werfen Sie mit Schmutz – etwas davon wird hängen bleiben, und dann wird Ihr Feind allmählich auf Ihre Ebene hinabsinken. Sie müssen stets nach Möglichkeiten suchen, Ihre Schwächen in Vorteile zu verwandeln.

Symbol: Der Stier. Er ist groß, sein starrer Blick ist
beängstigend und seine Hörner können unser Fleisch
durchbohren. Ihn anzugreifen ist ebenso tödlich
wie der Versuch, vor ihm wegzulaufen. Es ist besser, uns nicht vom Fleck zu rühren und den Stier
unseren Umhang angreifen zu lassen, sodass er
nichts hat, in das er zustoßen könnte, und seine Hörner nutzlos sind. Wir müssen ihn reizen und wütend machen – je heftiger und
wütender er angreift, desto schneller wird
er ermüden. Es wird ein Punkt kommen,
an dem wir den Spieß umdrehen und
an die Arbeit gehen, das vorher so
starke Tier zerfleischen können.

Garant: Die gesamte Kriegskunst besteht aus einer gut
durchdachten und extrem umsichtigen Defensive,
der ein schneller und kühner Angriff folgt. (Napoleon
Bonaparte, 1769–1821)

GESETZ
10

Abschreckungsstrategien

Eine bedrohliche Präsenz schaffen

Aggressoren können Sie am besten bekämpfen, indem Sie sie davon abhalten, Sie überhaupt anzugreifen. Damit das gelingt, müssen Sie den Eindruck erwecken, dass Sie stärker sind als in Wirklichkeit. Sie sollten sich den Ruf erwerben, dass Sie ein bisschen verrückt sind; dass es sich nicht lohnt, gegen Sie zu kämpfen; dass Sie Ihre Feinde mit ins Verderben reißen, wenn Sie verlieren. Verleihen Sie diesem Ruf dann durch einige beeindruckende – erschreckend heftige – Taten Glaubwürdigkeit. Manchmal wirkt Ungewissheit besser als eine unverhüllte Drohung: Wenn Ihre Gegner nie sicher sind, was es sie kosten wird, sich auf einen Kampf mit Ihnen einzulassen, werden sie das nicht herausfinden wollen. Nutzen Sie die natürliche Angst und Besorgnis des Feindes, damit er es sich zweimal überlegt, Sie anzugreifen.

Umgekehrte Einschüchterung

Wenn die Organisation noch klein ist, dann tut man am besten das, was Gideon getan hat: man läßt die Zahl der Mitglieder im Dunkeln, aber man veranstaltet einen solchen Lärm und Krach, daß die Be-troffenen glauben, die Zahl der Kämpfer sei erheblich größer, als sie in Wirklichkeit ist.

Denk immer an die erste Regel der Macht-Strategie: Macht ist nicht nur das, was man hat, sondern das, von dem der Gegner glaubt, daß man es habe.

SAUL D. ALINSKY (1909–1972), »DIE STUNDE DER RADIKALEN«

Es ist unvermeidbar, dass Sie sich in Ihrem Leben Leuten gegenübersehen werden, die aggressiver sind als Sie selbst – verschlagenen, rücksichtslosen Menschen, die entschlossen sind, alles zu bekommen, was sie haben wollen. Sie direkt zu bekämpfen ist gewöhnlich töricht, denn beim Kämpfen sind sie gut, und zudem kennen sie keine Skrupel. Daher würden Sie wahrscheinlich verlieren. Auch der Versuch, sie abzuwehren, indem Sie ihnen einen Teil von dem geben, was sie wollen, oder sie auf andere Weise zu beschwichtigen oder zufriedenzustellen, würde in eine Katastrophe münden: Dadurch würden Sie nur Ihre Schwäche zeigen und den Feind zu weiteren Drohungen und Attacken verlocken. Wenn Sie sich aber kampflos ergeben, bescheren Sie ihm den leichten Sieg, den er begehrt, und werden selbst wütend und verbittert. Angesichts von schwierigen Situationen den Weg des geringsten Widerstands zu wählen kann sich außerdem zu einer schlechten Gewohnheit auswachsen.

Statt zu versuchen, Konflikten aus dem Weg zu gehen, oder darüber zu lamentieren, wie ungerecht das alles ist, sollten Sie eine Option in Betracht ziehen, die im Laufe der Jahrhunderte von Führern und Strategen beim Militär für den Umgang mit gewaltbereiten und gierigen Nachbarn entwickelt wurde: die umgekehrte Einschüchterung. Diese Abschreckungsmethode beruht auf drei fundamentalen Fakten im Hinblick auf den Krieg und die menschliche Natur. Erstens werden andere Sie eher angreifen, wenn sie Sie als schwach und verwundbar betrachten. Zweitens können sie nicht mit Sicherheit wissen, dass Sie schwach sind – sie sind auf die Signale angewiesen, die Sie durch Ihr Verhalten in der Gegenwart und der Vergangenheit senden. Drittens sind sie auf leichte, schnelle, unblutige Siege aus. Deshalb fallen sie ja über die Verwundbaren und Schwachen her.

Bei der Abschreckung geht es schlicht darum, diese Dynamik auf den Kopf zu stellen. Sie müssen jeden Anschein, dass Sie schwach und einfältig sind, auslöschen und die Botschaft verbreiten, dass ein Kampf gegen Sie nicht so leicht sein würde, wie die andere Seite gedacht hat. Das macht man gewöhnlich durch irgendeine sichtbare Aktion, die den Aggressor verwirrt, sodass er denkt, er habe Sie falsch »gelesen«; vielleicht sind Sie tatsächlich verwundbar, aber er ist sich da nicht mehr so sicher. Sie verbergen Ihre Schwäche also und lenken ihn ab.

Diese Form der defensiven Kriegführung lässt sich auch uneingeschränkt bei den Schlachten im Alltagsleben anwenden. Die Leute zu beschwichtigen kann sie ebenso schwächen wie ein Kampf gegen sie; wenn Sie sie abschrecken, ihnen so viel Angst einjagen, dass sie Sie nicht angreifen oder sich Ihnen in den Weg stellen, werden Sie kostbare Energie und Ressourcen sparen. Um Aggressoren abzuschrecken, müssen Sie sich mit Täuschung, der Manipulation des Anscheins und ihrer Wahrnehmung von Ihnen auskennen – das sind wertvolle Fähigkeiten, die sich auf alle Aspekte der täglichen Kriegführung anwenden lassen. Indem Sie diese Kunst nach Bedarf praktizieren, werden Sie sich zudem den Ruf aufbauen, hart zu sein und Respekt und etwas Angst zu verdienen.

Für die Abschreckung und die umgekehrte Ein-

Brinkm[anship] die bew[ältig]ung eines sichtbaren Risikos, eines Risikos, das man nicht völlig unter Kontrolle hat. Sie ist die Taktik, die Situation bewusst in gewissem Maße außer Kontrolle geraten zu lassen, und zwar deshalb, weil es für die andere Seite unerträglich sein könnte, dass sie außer Kontrolle ist, und sie zu einer gütlichen Einigung zwingen könnte. Sie bedeutet, den Feind zu zermürben und einzuschüchtern, indem wir ihn einem gemeinsamen Risiko aussetzen, oder ihn abzuschrecken, indem wir ihm zeigen, dass er uns durch einen Gegenzug so stören könnte, dass wir über den Rand rutschen, ob wir das nun wollen oder nicht, und ihn mit uns reißen.

THOMAS C. SCHELLING, »THE STRATEGY OF CONFLICT«

> *Eine gewisse Person sagte Folgendes: Es gibt zwei Formen der Disposition: eine nach innen und eine nach außen gehende; Menschen, denen auch nur eine der beiden fehlt, sind wertlos. Das ist zum Beispiel wie bei der Klinge eines Schwertes, das man gut schärfen und dann in die Scheide stecken sollte, das man aber – unter Runzeln der Augenbrauen wie beim Kampf – regelmäßig herausziehen und abwischen und dann erneut in die Scheide stecken sollte. Wenn jemand sein Schwert ständig gezogen hat, schwingt er gewohnheitsmäßig eine entblößte Klinge; dann werden die Leute sich ihm nicht nähern und er wird keine Verbündeten haben. Wenn ein Schwert hingegen ständig in der Scheide steckt, wird es rosten, die Klinge wird stumpf werden und die Leute werden von seinem Besitzer das Gleiche denken.*
>
> TSUNETOMO YAMAMOTO (1659–1719), »HAGAKURE«

schüchterung gibt es fünf fundamentale Methoden. Sie können sie alle auch bei einer offensiven Kriegführung benutzen, doch besonders wertvoll sind sie, wenn Sie sich in der Defensive befinden, in Augenblicken, in denen Sie verwundbar sind und angegriffen werden. Sie gehen auf die Erfahrungen und die Schriften der größten Meister dieser Kunst zurück.

Den Feind durch ein kühnes Manöver überraschen. Sie können Ihre Schwäche am besten verbergen und Ihre Feinde bluffen, sodass sie von einem Angriff absehen, indem Sie etwas Unerwartetes, Gewagtes und Riskantes machen. Vielleicht dachten sie, Sie wären verwundbar – doch jetzt verhalten Sie sich wie jemand, der keine Angst, aber viel Selbstvertrauen hat. Das wird gleich zwei positive Auswirkungen haben: Zum einen werden sie wahrscheinlich glauben, dass Ihre Aktion auf etwas Reales gegründet ist – sie werden sich nicht vorstellen können, dass Sie so töricht sein könnten, nur wegen des Effekts etwas Verwegenes zu tun. Zum anderen werden sie bei Ihnen allmählich Stärken und Bedrohungen sehen, die sie bis dahin nicht bemerkt hatten.

Die Bedrohung umkehren. Falls Sie in den Augen Ihrer Feinde jemand sind, den man leicht herumschubsen kann, sollten Sie den Spieß durch einen plötzlichen Zug umdrehen, der gar nicht groß zu sein braucht, sie aber in Angst und Schrecken versetzen wird. Bedrohen Sie etwas, was für sie von Wert ist. Treffen Sie sie dort, wo Sie eine verwundbare Stelle spüren, und zwar so hart, dass es sie verletzt. Sollte sie das in

Wut bringen und dazu führen, dass sie Sie angreifen, sollten Sie sich kurz zurückziehen und ihnen dann einen weiteren Schlag versetzen, wenn sie das nicht erwarten. Zeigen Sie ihnen, dass Sie keine Angst vor ihnen haben und zu einer Unbarmherzigkeit fähig sind, die sie bei Ihnen bisher nicht kannten.

Den Anschein erwecken, unberechenbar und irrational zu sein. Dabei tun Sie etwas, was auf eine leichte suizidale Ader bei Ihnen hindeutet, als hätten Sie das Gefühl, nichts zu verlieren zu haben. Sie zeigen, dass Sie bereit sind, Ihre Feinde mit sich ins Verderben zu reißen und dabei ihren Ruf zu ruinieren. (Bei Menschen, die selbst viel zu verlieren haben – starken Menschen mit einer glänzenden Reputation –, ist das besonders wirkungsvoll.) Es wird teuer und vielleicht sogar selbstzerstörerisch sein, Ihnen eine Niederlage beizubringen. Das wird es sehr unattraktiv machen, gegen Sie zu kämpfen. Verrückte Gegner sind furchtbar – niemand kämpft gern gegen Leute, die unberechenbar sind und nichts zu verlieren haben.

Die natürliche menschliche Paranoia ausnutzen. Statt Ihre Gegner offen zu bedrohen, können Sie auch indirekte Maßnahmen ergreifen, um sie zum Nachdenken zu bringen. Das kann beispielsweise bedeuten, einen Boten zu benutzen, um ihnen eine Botschaft zu übermitteln – um ihnen eine beunruhigende Geschichte darüber zu erzählen, wozu Sie fähig sind. Sie könnten sie auch, »ohne es zu wissen«, bei Ihnen spionieren lassen, nur damit sie etwas hören, was für sie ein Grund zur Besorgnis sein könnte. Ihre Feinde glauben zu lassen, sie hätten herausgefunden, dass

Sie einen Gegenzug planen, ist effektiver, als es ihnen selbst zu sagen. Je mehr verschleierte Bedrohungen und Unsicherheit Sie erzeugen, desto mehr wird ihre Fantasie mit ihnen durchgehen und desto gefährlicher wird ihnen ein Angriff auf Sie erscheinen.

Sich einen angsterregenden Ruf aufbauen. Dieser Ruf kann auf den verschiedensten Aspekten beruhen: dass Sie schwierig sind, starrköpfig, gewalttätig, gnadenlos effizient ... Wenn Sie sich über Jahre hinweg so einen Ruf aufbauen, werden die Leute vor Ihnen zurückweichen und Ihnen Respekt und ein bisschen Angst entgegenbringen. Sie müssen dabei sehr bedachtsam vorgehen und dürfen keine Unstimmigkeiten entstehen lassen, da schon das kleinste Loch so einen Ruf entwerten wird.

Symbol:
Das Stachelschwein. Es
wirkt ziemlich dumm und langsam
und scheint eine leichte Beute zu sein; wird
es aber bedroht oder angegriffen, richtet es seine
Stacheln auf. Wenn Sie sie berühren, lösen sie sich
und bohren sich in Ihr Fleisch, und wenn Sie dann versuchen, sie herauszuziehen, bohren die mit Widerhaken
versehenen Enden sich nur immer tiefer hinein und richten
noch mehr Schaden an. Wer je gegen ein Stachelschwein
gekämpft hat, wird dadurch gelernt haben, das nie wieder
zu tun. Selbst wenn sie nicht gegen sie kämpfen, wissen
die meisten Menschen, dass man Stachelschweinen
aus dem Weg gehen und sie in Ruhe lassen sollte.

Garant: Wenn Ihre Gegner nicht willens sind, gegen Sie zu kämpfen, so liegt das daran, dass sie glauben, das sei gegen ihre Interessen, oder dass Sie sie dazu verleitet haben, das zu denken. (Sunzi, 5./6. Jh. v. Chr., »Die Kunst des Krieges«)

GESETZ

11

Die Strategie der Passivität

Boden gegen Zeit eintauschen

Angesichts eines starken Feindes den Rückzug anzutreten ist kein Zeichen von Schwäche, sondern von Stärke. Indem Sie der Versuchung widerstehen, auf einen Angreifer zu reagieren, erkaufen Sie sich kostbare Zeit – Zeit, um sich zu erholen, um nachzudenken, um eine bessere Perspektive zu bekommen. Lassen Sie Ihre Feinde ruhig vorrücken – Zeit ist wichtiger als Boden! Wenn Sie sich weigern, gegen sie zu kämpfen, versetzen Sie sie in Wut und verstärken ihre Arroganz. Sie werden sich dann bald überanstrengen und anfangen, Fehler zu machen. Die Zeit wird zeigen, dass sie voreilig waren, Sie selbst hingegen klug. Manchmal kann man am meisten erreichen, indem man nichts tut.

Schlüssel zur Kriegführung

Wir sehen uns bei der Strategie und im Leben alle dem Problem gegenüber, dass jeder von uns einzigartig ist und eine einzigartige Persönlichkeit hat. Unsere Umstände sind ebenfalls einzigartig, keine Situation wiederholt sich irgendwann wirklich. Die meiste Zeit über sind wir uns aber kaum bewusst, was uns anders macht – wer wir tatsächlich sind.

Ihre Aufgabe als Stratege ist einfach: Sie müssen die Unterschiede zwischen Ihnen selbst und anderen Menschen erkennen, sich selbst, Ihre Seite und den Feind möglichst gut verstehen, eine bessere Perspektive gegenüber den Ereignissen gewinnen, die Dinge als das erkennen, was sie sind ... Im Aufruhr des täglichen Lebens ist das nicht leicht – die Kraft dafür kann sogar nur daher kommen, dass Sie wissen, wann und wie Sie sich zurückziehen müssen. Wenn Sie immer vorrücken, immer angreifen, immer emotional auf andere reagieren, bleibt Ihnen keine Zeit dafür, eine gute Perspektive zu gewinnen.

Wenn Sie gegen jemanden kämpfen, der stärker ist als Sie selbst, verlieren Sie nicht nur Ihren Besitz und Ihre Position, sondern auch Ihre Fähigkeit, richtig zu denken, dafür zu sorgen, dass Sie weiter von den anderen getrennt und anders als sie sind. Sie werden auf Arten und Weisen von den Emotionen und der Gewalttätigkeit des Angreifers angesteckt, die Sie sich gar nicht vorstellen können. Da ist es besser, zu fliehen und die Zeit, die Sie sich dadurch erkaufen, zu nutzen, um in sich hineinzublicken. Soll der Feind ruhig Boden erobern und vorrücken! Sie werden sich erholen und den Spieß umdrehen, wenn die Zeit da-

Sechs auf viertem Platz bedeutet:

Das Heer zieht sich zurück. Kein Makel.

Wenn man einem überlegenen Feind gegenübersteht, mit dem der Kampf aussichtslos ist, so ist ein geordneter Rückzug das einzig Richtige, weil durch ihn das Heer vor Niederlage und Auflösung bewahrt wird. Es ist keineswegs ein Zeichen von Mut oder Stärke, einen aussichtslosen Kampf unter allen Umständen annehmen zu wollen.

»I-GING«
(CA. 8. JH. V. CHR.)

Die Gelegenheiten ändern sich unaufhörlich. Diejenigen, die zu früh ans Ziel kommen, sind zu weit gegangen, während diejenigen, die zu spät kommen, das nicht aufholen können. Während die Sonne und der Mond ihren Lauf vollziehen, geht die Zeit nicht mit den Menschen mit. Daher ist den Weisen ein bisschen Zeit kostbarer als riesige Edelsteine. Zeit ist schwer zu finden und man kann sie leicht verlieren.

»Huainanzi«
(2. Jh. v. Chr.)

für gekommen ist. Die Entscheidung, sich zurückzuziehen, ist kein Zeichen von Schwäche, sondern von Stärke. Sie ist der Höhepunkt der strategischen Klugheit.

Die meisten Menschen reagieren auf Aggressionen, indem sie sich in irgendeiner Form davon mitreißen lassen. Es ist fast unmöglich, sich zurückzuhalten. Wenn Sie völlig passiv bleiben und sich zurückziehen, zeigen Sie große Stärke und Selbstbeherrschung. Ihre Feinde warten verzweifelt darauf, dass Sie reagieren; Ihr Rückzug macht sie wütend und provoziert sie zu weiteren Angriffen. Deshalb sollten Sie sich weiter zurückziehen und Boden gegen Zeit eintauschen. Bleiben Sie ruhig und gelassen – die Zeit ist auf Ihrer Seite, denn Sie verschwenden sie nicht für sinnlose Gefechte. Beim strategischen Denken ist die Zeit ebenso wichtig wie der Boden; wenn Sie wissen, wie Sie sie am besten nutzen können, macht Sie das zu einem hervorragenden Strategen und verleiht Ihren Angriffen und Ihrer Verteidigung eine neue Dimension. Ihre Zeit für Gefechte zu verschwenden, die Sie sich nicht selbst ausgesucht haben, ist nicht nur ein Fehler, sondern im höchsten Grade dumm. Zeit, die Sie verloren haben, können Sie nie zurückgewinnen.

Symbol: Der
Wüstensand. In der
Wüste gibt es nichts, wovon
man sich ernähren könnte, und
nichts, was man für einen Krieg
benutzen könnte – nur Sand und
Leere. Sie sollten sich ab und zu
in die Wüste zurückziehen,
um nachzudenken und
klar zu sehen.
Dort
bewegt die Zeit sich
nur langsam voran, und genau das brauchen Sie. Weichen
Sie in die Wüste zurück, wenn Sie
angegriffen werden; dort werden
Ihre Feinde jedes Gefühl für Zeit
und Raum verlieren, und Sie
können die Kontrolle
über sie erlangen.

Garant: Wer sich auf die Kriegführung versteht, mei-
det ... die Phase, in der des Gegners Moral noch un-
gebrochen ist, und schlägt dann zu, wenn sie bei ihm
nachläßt oder schwindet. Auf diese Weise lenkt er die
Moral.
Er begegnet der Unordnung mit Ordnung und dem
Lärm mit Ruhe. Auf diese Weise lenkt er den Mut.
(Sunzi, 5./6. Jh. v. Chr., »Die Kunst des Krieges«)

Vierter Teil

Offensive Kriegführung

Im Krieg und im Leben erwächst die größte Gefahr aus dem Unerwarteten. Die Menschen reagieren nicht so, wie Sie angenommen haben, die Ereignisse bringen Ihre Pläne durcheinander und erzeugen Chaos, die Umstände sind erdrückend ... Strategen nennen die Diskrepanz zwischen dem, was geschehen soll, und dem, was tatsächlich passiert, *Friktion*. Der Grundgedanke hinter der konventionellen offensiven Kriegführung ist ganz einfach: Wenn man die andere Seite zuerst angreift, sie an ihren schwachen Punkten trifft, die Initiative an sich reißt und sie sich nie aus der Hand nehmen lässt, erzeugt man die Umstände selbst. Bevor sich Friktion einschleichen und Ihre Pläne untergraben kann, gehen Sie in die Offensive, und Ihre stringenten Manöver rufen beim Feind so viel Friktion hervor, dass er zusammenbricht.

Das ist die Form der Kriegführung, die die erfolgreichsten Heerführer der Geschichte praktiziert haben; ihr Erfolgsgeheimnis ist eine perfekte Verschmelzung von strategischer Klugheit und Kühnheit. Das strategische Element kommt bei der Planung zum Tragen: Man muss sich ein Gesamtziel setzen, kreativ planen, wie man es erreichen kann, und den ganzen Plan bis ins kleinste Detail durchdenken.

Die elf folgenden Kapitel sind eine Einweihung in diese höchste Form der Kriegführung. Sie werden Ihnen helfen, Ihre Wünsche und Ziele in einen größeren Rahmen zu stellen, der als »Grand Strategy« (große oder Gesamtstrategie) bezeichnet wird, und Ihre Feinde zu analysieren und ihre Geheimnisse aufzudecken. Außerdem beschreibe ich darin, wie Sie sich durch eine solide Planungsgrundlage ein breites Spektrum von Angriffsoptionen verschaffen können.

Schließlich werde ich Ihnen auch zeigen, wie Sie Ihren Feldzug beenden können.

GESETZ

12

Grand Strategy

Schlachten verlieren, den Krieg aber gewinnen

Jeder in Ihrem Umfeld ist ein Stratege, der nach Macht strebt; alle versuchen, ihre eigenen Interessen voranzubringen, häufig auf Ihre Kosten. Durch Ihre täglichen Gefechte mit ihnen verlieren Sie das Einzige aus dem Blick, was wirklich zählt: den Sieg am Ende, das Erreichen größerer Ziele, dauerhafte Macht. Grand Strategy ist die Kunst, über das Gefecht hinauszublicken und die Zukunft zu berechnen. Sie müssen sich dabei auf Ihr ultimatives Ziel konzentrieren, Pläne dafür machen, es zu erreichen, und die politischen und langfristigen Auswirkungen von dem, was Sie tun, berücksichtigen. Statt emotional auf andere zu reagieren, müssen Sie die Kontrolle übernehmen und Ihrem Handeln mehr Dimension, Finesse und Effektivität verleihen. Sollen die anderen sich doch in den Wendungen und Verschlingungen des Gefechts verfangen und ihre kleinen Siege genießen! Ihre Grand Strategy wird Ihnen den höchsten Lohn bringen: Sie werden derjenige sein, der zuletzt (und damit am besten) lacht.

Schlüssel zur Kriegführung

Vor Tausenden von Jahren erhoben wir Menschen uns über das Tierreich; seitdem haben wir nie mehr zurückgeblickt. Bildlich gesprochen lag der Schlüssel zu diesem evolutionären Fortschritt in unserem Weitblick: Dank der Sprache und der Fähigkeit, vernunftgemäß zu argumentieren, konnten wir mehr von der Welt um uns herum sehen.

Irgendwo auf diesem Weg haben wir jedoch aufgehört, uns als vernunftbegabte Wesen zu entwickeln. Trotz unserer Fortschritte gibt es in uns immer noch einen animalischen Teil, der nur auf das reagieren kann, was in unserer unmittelbaren Umgebung geschieht, und nicht über den Augenblick hinausdenken kann. Dieses Dilemma beeinträchtigt uns bis heute: Die beiden Seiten unseres Wesens, die rationale und die animalische, liegen ständig miteinander im Krieg, und deshalb ist unser Handeln fast immer ungeschickt.

Die alten Griechen waren dem Übergang des Menschen vom Animalischen zum Rationalen näher als wir. In ihren Augen machte unsere Doppelnatur uns tragisch, und die Ursache der Tragik war unser eingeschränktes Sehvermögen.

Die Griechen erkannten aber auch, dass in uns das Potenzial für Höheres steckt. Diejenigen, die weiter sehen konnten als andere, die ihre animalische Natur unter Kontrolle hatten und nachdenken konnten, bevor sie handelten, waren zutiefst menschlich – sie konnten die Vernunft, durch die wir uns von den Tieren unterscheiden, am besten nutzen. Als Gegensatz zur menschlichen Dummheit (eingeschränktem

Epistemologisch gesprochen liegt die Quelle aller falschen Ansichten vom Krieg in idealistischen und mechanistischen Neigungen. ... Menschen mit diesen Neigungen haben eine subjektive und einseitige Einstellung gegenüber Problemen. Sie schwelgen in unbegründetem, völlig subjektivem Gerede, stützen sich dabei auf einen einzigen Aspekt oder eine vorübergehende Manifestation [und] blähen das mit der gleichen Subjektivität zu dem ganzen Problem auf. ... Korrekte Schlussfolgerungen im Hinblick auf die Frage des Krieges kann man nur ziehen, wenn man idealistischen und mechanistischen Neigungen entgegentritt und bei der Beschäftigung mit dem Krieg eine objektive Betrachtung von allen Seiten durchführt.

Mao Tse-tung (1893–1976), »Selected Military Writings«

Sehvermögen) stellten die Griechen sich eine ideale menschliche Klugheit vor. Das Symbol dafür war Odysseus, der stets nachdachte, bevor er handelte. Diese ruhigen, objektiven, rationalen, weitblickenden Menschen, die die Griechen »klug« oder »weise« nannten, werde ich hier als »große Strategen« bezeichnen.

Bis zu einem gewissen Grad sind wir alle Strategen: Es liegt in unserer Natur, dass wir die Kontrolle über unser Leben haben wollen und nach Macht streben, dass wir bewusst oder unbewusst versuchen, uns das zu verschaffen, was wir haben wollen. Mit anderen Worten: Wir benutzen durchaus Strategien, doch sie sind gewöhnlich linear und reaktiv und werden häufig durch emotionale Reaktionen ruiniert und aus der Bahn geworfen. Kluge Strategen können weit kommen, doch sie machen fast alle Fehler. Wenn sie Erfolg haben, lassen sie sich davon mitreißen und schießen über das Ziel hinaus; wenn sie Niederlagen (die im Laufe des Lebens ja unvermeidbar sind) einstecken müssen, drückt sie das stark nieder. Die entscheidenden Eigenschaften großer Strategen sind die Fähigkeiten, tiefer in sich selbst und in andere hineinzublicken und die Vergangenheit zu verstehen und aus ihr zu lernen; dazu kommt ein klares Gespür für die Zukunft, die sie sogar vorhersagen können. Sie sehen einfach mehr, und ihr breiteres Blickfeld ermöglicht es ihnen, ihre Pläne über manchmal große Zeiträume hinweg umzusetzen.

In der heutigen Welt, in der die Menschen ihre Fähigkeit zum logischen Denken immer mehr verlieren und animalischer werden als je zuvor, wird die Durchführung einer Grand Strategy, einer großen, ganzheitlichen Strategie, Sie sofort über die meisten anderen erheben.

Ein großer Stratege zu werden erfordert weder ein jahrelanges Studium noch eine völlige Umwandlung der Persönlichkeit. Es bedeutet einfach, dass Sie das, was Sie haben – Ihren Verstand, Ihre Rationalität, Ihr Sehvermögen – effektiver nutzen müssen. In den alten Zeiten wurden Strategen und Geschichtsschreiber von Sunzi bis zu Thukydides sich dieses immer wiederkehrenden selbstzerstörerischen Musters bei der Kriegführung bewusst; sie begannen, rationalere Kampfweisen zu entwickeln.

Der erste Schritt bestand darin, über das augenblickliche Gefecht hinauszuschauen. Wäre man besser oder schlechter dran, wenn man den Sieg erringen würde? Der logische Schritt zur Beantwortung dieser Frage war, vorauszudenken, bis zur dritten und vierten der folgenden Schlachten, die wie die Glieder einer Kette miteinander verknüpft waren. Das Ergebnis war das Konzept des Feldzugs, bei dem der Stratege ein realistisches Ziel setzt und mehrere Schritte vorausplant, um es zu erreichen. Die einzelnen Schlachten sind nur insofern von Bedeutung, als sie zur jeweils nächsten in der Kette führen; im Rahmen eines langfristigen Plans kann eine Armee sogar mal mit Absicht ein Gefecht verlieren. Der Sieg, auf den es ankommt, ist der beim gesamten Feldzug – alles andere ist diesem Ziel untergeordnet.

Die Militärgeschichte zeigt, dass der Schlüssel zur Grand Strategy – der Faktor, der sie von der einfachen 08/15-Strategie unterscheidet – die besondere Qualität des Vorausdenkens ist. Große Strategen denken und planen weiter in die Zukunft, bevor sie han-

> *Die Absichten vergessen. – Man vergisst über der Reise gemeinhin deren Ziel. Fast jeder Beruf wird als Mittel zu einem Zwecke gewählt und begonnen, aber als letzter Zweck fortgeführt. Das Vergessen der Absichten ist die häufigste Dummheit, die gemacht wird.*
>
> FRIEDRICH
> NIETZSCHE
> (1844–1900),
> »DER WANDERER
> UND SEIN
> SCHATTEN«

deln. Und ihre Planung besteht nicht einfach nur darin, Wissen und Informationen zusammenzutragen; sie beinhaltet vielmehr einen nüchternen Blick, Denken im Rahmen des Feldzugs und die Planung indirekter, subtiler Schritte auf dem Weg, deren Zweck für andere nur langsam sichtbar wird. Diese Art der Planung ermöglicht es nicht nur, den Feind zu täuschen und zu desorientieren; für den Strategen hat sie auch wichtige psychische Auswirkungen: Ruhe, ein Gespür für die richtige Perspektive und die Flexibilität, sich von einem Augenblick zum anderen zu verwandeln, ohne das Endziel aus dem Kopf zu verlieren.

Bei großen Strategien gibt es vier Hauptprinzipien, die ich hier kurz beschreiben möchte. Je stärker Sie diese Prinzipien in Ihre Pläne einbauen können, desto besser werden die Ergebnisse sein.

Legen Sie den Fokus auf Ihr größeres Ziel, Ihre Bestimmung. Der erste Schritt auf dem Weg dazu, ein großer Stratege zu werden – der Schritt, durch den alles andere auf seinen Platz fallen wird –, besteht darin, mit einem klaren, detaillierten, bedeutungsvollen Ziel im Kopf zu beginnen, das in der Realität verwurzelt ist. Wir glauben oft, dass wir generell nach irgendeinem Plan vorgehen, dass wir Ziele haben, die wir zu erreichen suchen. Gewöhnlich täuschen wir uns da aber – was wir haben, sind keineswegs Ziele, sondern Wünsche. Alle großen Strategen der Geschichte haben sich dadurch ausgezeichnet, dass sie spezifische, detaillierte, fokussierte Ziele hatten – und Sie sollten ihnen da nacheifern! Klare langfristige Ziele verleihen all unseren Handlungen – den großen wie den kleinen – eine Richtung. Dann wird es leichter, wichtige Entscheidungen zu treffen.

Ihre Ziele müssen in der Realität verwurzelt sein. Wenn sie schlicht und einfach Ihre Mittel übersteigen und es für Sie im Grunde unmöglich ist, sie zu erreichen, werden Sie schnell Entmutigung verspüren, die sich dann bald in Defätismus verwandeln kann. Falls es Ihren Zielen andererseits an einer gewissen Größe und Erhabenheit mangelt, kann es schwer für Sie werden, motiviert zu bleiben. Sie dürfen keine Angst davor haben, kühn zu sein!

Erweitern Sie Ihre Perspektive. Eine Grand Strategy hängt von Ihrem Sehvermögen ab: Sie müssen in Raum und Zeit weiter blicken als der Feind. Der Prozess der Voraussicht ist jedoch unnatürlich – wir können immer nur in der Gegenwart leben. Als großer Stratege müssen Sie sich dazu zwingen, Ihr Blickfeld zu erweitern, mehr von der Welt um Sie herum aufzunehmen, die Dinge so zu sehen, wie sie sind und wie sie sich in der Zukunft entwickeln könnten, nicht so, wie Sie sich das wünschen würden.

Sie können einen Schritt in diese Richtung machen, indem Sie sich immer bemühen, die Welt mit den Augen anderer Menschen – zu denen unbedingt auch Ihr Feind gehören muss – zu sehen, bevor Sie sich auf einen Krieg einlassen. Ihre eigene kulturelle Prägung ist ein großes Hindernis für eine objektive Sicht der Welt.

Große Strategen bewahren sich empfindliche Antennen, die auf die Politik der jeweiligen Situation eingestellt sind. Politik ist dabei die Kunst, Ihre eigenen Interessen zu fördern und zu schützen. Ihr Verhalten

Das Wildschwein und der Fuchs: Ein Wildschwein stand an einem Baum und war dabei, seine Zähne zu schärfen. Ein Fuchs fragte es nach dem Grund, warum es seine Zähne wetze, obwohl sich doch weder Jäger noch Gefahr zeigten. Da sagte es: »Aber ich tue das nicht aufs Geratewohl. Denn wenn ich in Gefahr gerate, dann werde ich keine Zeit zum Wetzen haben, vielmehr muss ich sie zum Gebrauch parat haben.«

Die Fabel lehrt, dass man seine Vorbereitungen treffen muss, bevor Gefahren eintreten.

ÄSOP
(6. JH. V. CHR.),
»FABELN«

in der Welt hat insofern stets politische Konsequenzen, als die Leute in Ihrem Umfeld es im Hinblick darauf analysieren werden, ob es ihnen nutzt oder schadet.

Sie müssen die Politik also berücksichtigen und bei der Planung Ihrer Grand Strategy beachten, dass Sie die Unterstützung anderer Leute gewinnen müssen – dass Sie eine Basis erschaffen und stärken müssen. Politisch zu sein bedeutet, dass man die Menschen versteht – dass man mit ihren Augen sieht.

Durchtrennen Sie die Wurzeln. In einer Gesellschaft, die vom äußeren Anschein beherrscht wird, lässt sich die wirkliche Ursache eines Problems manchmal nur schwer erkennen. Um eine Grand Strategy gegen einen Feind ausarbeiten zu können, müssen Sie wissen, was ihn motiviert oder die Quelle seiner Kraft ist. Zu viele Kriege und Gefechte ziehen sich hin, weil keiner der Gegner weiß, wie er einen Schlag gegen die Wurzeln des anderen führen kann. Als großer Stratege müssen Sie Ihr Blickfeld nicht nur in der Ebene erweitern, sondern auch nach unten. Sie müssen scharf denken und tief graben, Sie dürfen den Anschein nicht für die Realität halten. Sie müssen die Wurzeln des Problems finden; sobald Sie sie kennen, können Sie eine Strategie dafür entwickeln, sie zu durchtrennen und dem Krieg oder Problem ein Ende zu setzen.

Nehmen Sie einen Umweg zu Ihrem Ziel. Die größte Gefahr, der Sie sich bei der Strategie gegenübersehen, ist der Verlust der Initiative, sodass Sie nur noch auf das reagieren, was die andere Seite macht. Die beste Lösung besteht natürlich darin, bei der Planung nicht nur die Zukunft zu berücksichtigen, sondern auch subtil vorzugehen – einen Umweg zu nehmen. Sie können sich einen enormen Vorteil verschaffen, wenn Sie verhindern, dass der Gegner den Zweck Ihrer Aktionen erkennt.

Dem ersten Schritt bei einem Feldzug müssen Sie immer besondere Beachtung schenken. Er bestimmt das Tempo und das Denken Ihres Feindes und katapultiert Sie in eine Richtung, die unbedingt die richtige sein sollte.

Es liegt in der Natur des Menschen, anderen die Schuld zuzuschieben, wenn – ob nun im Geschäftsleben, in der Politik oder im Leben – mal etwas schiefgeht. Sie sollten die Aktion aber zu dem Gedanken zurückverfolgen, der Sie ursprünglich dazu inspiriert hat. Das Ziel war dann fehlgeleitet.

Das bedeutet, dass weitgehend Sie selbst der Urheber alles Schlechten sind, das Ihnen passiert. Mit mehr Klugheit, einer geschickteren Politik und einem größeren Blickfeld hätten Sie sich der Gefahr entziehen können. Wenn irgendetwas schiefgeht, sollten Sie also tief in sich hineinblicken, um sicherzustellen, dass Sie Ihren nächsten Feldzug mit festerem Schritt und größerem Sehvermögen beginnen.

Sym-
bol: Der
Berggipfel. Unten
auf dem Schlachtfeld ist
alles voller Rauch, und es herrscht
Verwirrung. Es ist schwierig, den Freund
vom Feind zu unterscheiden, zu erkennen,
wer siegt, den nächsten Zug des Feindes vorherzusehen. Der General muss hoch über den
ganzen Aufruhr steigen, er muss den Berggipfel
erklimmen, da von dort aus alles klarer und fokus-
sierter wird. Dann kann er über das Schlachtfeld hinausblicken, er kann die Bewegungen der Reserve, das
feindliche Lager, die zukünftige Gestalt der Schlacht sehen.
Nur vom Berggipfel aus kann der General den Krieg leiten.

Garant: Die Menschen, indem sie zu Kriegen schreiten, fangen mit den Handlungen an, die sie später thun sollten, und
erst wenn sie bereits Unglück erleiden, greifen sie zu den Worten. (Thukydides, ca. 460 bis ca. 400 v. Chr., »Geschichte des
Peloponnesischen Krieges«)

GESETZ

13

Die Spionagestrategie

Den Feind kennen

Das Ziel Ihrer Strategie sollte weniger die Armee sein, der Sie sich gegenübersehen, als der Kopf der Person, die sie führt. Wenn Sie verstehen, wie dieser Kopf funktioniert, können Sie ihn täuschen und unter Kontrolle bringen. Sie müssen also lernen, andere zu »lesen«, die Signale aufzufangen, die sie im Hinblick auf ihre innersten Gedanken und Absichten senden. Freundliches Vorgehen wird es Ihnen ermöglichen, sie genau zu beobachten und nach Informationen auszuhorchen. Sie dürfen aber nicht versuchen, Ihre eigenen Gefühle und mentalen Gewohnheiten auf sie zu projizieren – Sie müssen sich bemühen, wie sie zu denken! Wenn Sie die psychischen Schwächen Ihrer Gegner entdecken, können Sie daran arbeiten, ihren Geist zu zerrütten.

Schlüssel zur Kriegführung

Wer den Gegner kennt und sich selbst, wird in hundert Schlachten nicht in Not geraten.

Sunzi (5./6. Jh. v. Chr.), »Die Kunst des Krieges«

Die größte Macht, die Sie im Leben haben könnten, würde weder auf grenzenlosen Ressourcen noch auf vollendeten strategischen Fähigkeiten beruhen. Sie würde vielmehr aus einem klaren Wissen über die Personen in Ihrer Umgebung erwachsen – aus der Fähigkeit, Menschen wie Bücher zu »lesen«. Dann könnten Sie den Freund vom Feind unterscheiden und die Schlangen im Gras ausräuchern.

Diese Form des Wissens ist schon seit den Anfängen der Geschichte ein militärisches Ziel. Deshalb wurden ja die Künste des Zusammentragens von Informationen und der Spionage erfunden. Spione sind jedoch nicht zuverlässig – sie filtern die Informationen durch ihre eigenen vorgefassten Ansichten und Vorurteile; außerdem fehlen in ihren Berichten natürlich die Nuancen, durch die Menschen sich verraten – der Tonfall, der Ausdruck in ihren Augen.

Letztlich bedeuten die Informationen eines Spions gar nichts, wenn Sie nicht geschickt darin sind, das Verhalten und die Psychologie der Menschen zu interpretieren. Ohne diese Fähigkeit werden Sie darin das sehen, was Sie sehen wollen, und nur Ihre eigenen Vorurteile bestätigen. Diejenigen Führer, die die Spionage am besten genutzt haben, waren in erster Linie alle ausgezeichnete Kenner der menschlichen Natur und konnten andere hervorragend lesen. Sie verfeinerten ihre Fertigkeiten durch persönliche Beobachtung; nur dank dieser Grundlage konnten sie ihr Blickfeld durch den Einsatz von Spionen erweitern.

Der erste Schritt bei diesem Prozess besteht darin,

sich von der Vorstellung zu lösen, dass die Menschen undurchdringliche Geheimnisse sind und dass wir nur durch irgendeinen Trick in ihre Seele blicken können. Dass sie rätselhaft wirken, liegt daran, dass wir alle schon früh lernen, unsere wahren Gefühle und Absichten zu verhüllen. Wenn wir anderen zeigen würden, was wir fühlen, und ihnen erzählen würden, was wir vorhaben, wären wir ihrer eventuellen Bösartigkeit schutzlos ausgesetzt; und wenn wir immer sagen würden, was wir denken, würden wir viele Menschen unnötigerweise verletzen. Daher wird es uns im Laufe der Zeit zur zweiten Natur, unsere Gedanken zu einem großen Teil für uns zu behalten.

Diese absichtliche Undurchsichtigkeit macht das Spionagespiel zwar schwierig, aber nicht unmöglich. Auch wenn die Leute sich bewusst bemühen, zu verbergen, was in ihrem Kopf vorgeht, wollen sie ihre Verhüllung nämlich unbewusst fallen lassen.

Sie müssen etwas Wichtiges verstehen: Die Menschen senden tagein, tagaus Signale aus, durch die sie ihre Absichten und ihre tiefsten Wünsche und Sehnsüchte verraten. Wenn wir diese Signale nicht auffangen, liegt das daran, dass wir nicht auf sie achten. Sie werden sich darüber wundern, wie viel Sie über andere erfahren können, wenn Sie Ihren unaufhörlichen inneren Monolog abschalten, Ihren Kopf leeren und sich im Augenblick verankern.

Natürlich dürfen die anderen auf keinen Fall merken, dass Sie sie so genau beobachten. Freundlichkeit wird Ihnen helfen, zu verbergen, was Sie da machen. Sie dürfen nicht zu viele Fragen stellen; der Trick ist, die Leute dazu zu bringen, sich zu entspannen und zu öffnen – ohne Anstoß Ihrerseits. Sie müssen sie so

Der Zorn als Spion. – Der Zorn schöpft die Seele aus und bringt selbst den Bodensatz ans Licht. Man muß deshalb, wenn man sonst sich nicht Klarheit zu verschaffen weiß, seine Umgebung, seine Anhänger und Gegner in Zorn zu versetzen wissen, um zu erfahren, was im Grunde alles wider uns geschieht und gedacht wird.

FRIEDRICH NIETZSCHE (1844–1900), »MENSCHLICHES, ALLZUMENSCHLICHES«

> *Im Kampf muss der Blick auf den Gegner alles erfassen können. Es gibt den durchdringenden und den wahrnehmenden Blick; der durchdringende Blick ist der stärkere. Es geht darum, Entferntes so zu erkennen, als wäre es nah, und Nahes aus der Distanz zu betrachten. ... Als Fortgeschrittener wird man den Eindruck haben, direkt in den Geist des Gegners blicken zu können. ... In der wahren Kampfkunst richtet sich der Blick also auf das Herz oder den Geist des Menschen. ... Der Samurai soll sein durchdringendes und sein wahrnehmendes Auge und die Fähigkeit, Dinge auf die rechte Weise zu sehen und zu beurteilen, schulen.*
>
> Miyamoto Musashi (1584–1645), »Das Buch der fünf Ringe«

still beschatten, dass sie nie darauf kommen, worauf Sie tatsächlich aus sind.

Informationen sind nutzlos, wenn Sie nicht wissen, wie Sie sie deuten müssen, wie Sie sie benutzen können, um den Anschein von der Realität zu unterscheiden. Sie müssen lernen, wie man eine große Palette psychischer Typen erkennt. Sie sollten beispielsweise gegenüber dem Phänomen des »maskierten Gegenteils« wachsam sein: Wenn jemand auffallend durchgängig ein bestimmtes Persönlichkeitsmerkmal zeigt, könnte es sich dabei um eine Vorspiegelung handeln.

Es ist generell leichter, Menschen beim Handeln zu beobachten, insbesondere in Krisensituationen. Das sind die Zeiten, in denen sie ihre Schwäche entweder verraten oder sich so angestrengt bemühen, sie zu verbergen, dass man ihre Maske durchschauen kann.

Die Qualität der Informationen, die Sie über den Feind sammeln, ist wichtiger als die Quantität. Ein einziges, aber entscheidendes Goldkörnchen kann der Schlüssel zu seiner Vernichtung sein.

Natürlich hat die Menge der Informationen, die Sie durch Beobachtung aus erster Hand sammeln können, Grenzen. Durch ein Spionagenetz können Sie Ihr Blickfeld erweitern, insbesondere, da Sie lernen werden, die Informationen dieser Leute richtig zu interpretieren. Ein informelles Netz ist das Beste – eine Gruppe von Verbündeten, die Sie im Laufe der Zeit dafür angeworben haben, Ihre Augen und Ohren zu sein. Versuchen Sie, an der Quelle der Informationen über Ihren Gegner oder zumindest in ihrer Nähe Freunde zu gewinnen; ein einziger gut platzierter Freund wird weitaus nützlicher sein als eine Handvoll bezahlter Spione.

Suchen Sie stets nach internen Spionen, nach Leuten im feindlichen Lager, die unzufrieden sind und irgendeinen Groll hegen. Wenn Sie sie für Ihre Zwecke einspannen, werden sie Ihnen bessere Informationen liefern als jeder, den Sie von außen einschleusen. Heuern Sie Leute an, die der Feind entlassen hat – sie werden Ihnen sagen, wie er denkt. Hier ist allerdings eine Warnung angebracht: Sie dürfen sich nie auf einen einzigen Spion verlassen, auf nur eine Informationsquelle – so gut er oder sie auch sein mag. Dann würden Sie nämlich Gefahr laufen, dass man Sie reinlegt oder Ihnen verzerrte, einseitige Informationen gibt.

Viele Menschen hinterlassen eine Spur aus Papier – Schreiben, schriftlich festgehaltene Gespräche und so weiter –, die genauso aufschlussreich ist wie alles, was Sie von einem Spion lernen können. In dem, was sie schreiben, enthüllen die Leute viel über sich selbst.

Der Feind, mit dem Sie es zu tun haben, ist ja kein unbelebtes Objekt, das auf Ihre Strategien einfach wie erwartet reagieren wird. Ihre Feinde verändern sich vielmehr ständig und passen sich an das an, was Sie tun. Sie innovieren und erfinden ihrerseits, sie bemühen sich, aus ihren Fehlern und Ihren Erfolgen zu lernen. Daher darf Ihr Wissen über den Feind nicht statisch sein. Sie müssen es stets auf dem neuesten Stand halten und dürfen nicht davon ausgehen, dass der Feind zweimal auf die gleiche Weise reagieren wird.

Grundsätzlich würde ich meinen, daß die Existenz von Geheimagenten nicht geduldet werden sollte, da sie dazu neigen, die eindeutigen Gefahren des Bösen, wogegen sie eingesetzt werden, noch zu erhöhen. Daß der Spion seine Informationen als bloßen Gemeinplatz fälschen wird. Doch in der Sphäre politischer und revolutionärer Aktionen hat der Spion, wobei er teilweise auf Gewalt zurückgreift, jede Möglichkeit, schon die Fakten selbst zu fälschen, und er wird das verdoppelte Böse der Nachahmung in eine Richtung und das der Panik, der übereilten Gesetzgebung, des unüberlegten Hasses in die andere ausstreuen.

Joseph Conrad (1857–1924), »Der Geheimagent«

Symbol: Der Schatten. Jeder von uns hat einen Schatten, ein geheimes Ich, eine dunkle Seite. Dieser Schatten umfasst alles, was die Leute vor der Welt zu verstecken suchen – ihre Schwächen, ihre geheimen Wünsche, ihre selbstsüchtigen Absichten. Aus der Entfernung ist dieser Schatten unsichtbar; wenn Sie ihn sehen wollen, müssen Sie dem Betreffenden nahekommen, körperlich und vor allem psychisch. Dann wird sein Schatten deutlich hervortreten. Bleiben Sie Ihrer Zielperson dicht auf den Fersen – sie wird nicht merken, wie viel Sie von ihrem Schatten sehen können.

Garant: Der Grund dafür, daß der erleuchtete Herrscher und der tüchtige Feldherr mit jedem ihrer Manöver siegreich bleiben und Erfolge erzielen, die die Möglichkeiten der gewöhnlichen Menschen weit übersteigen, liegt nämlich im Vorabwissen.
Dieses Vorabwissen kann weder von Geistern und Göttern eingeholt, noch nach historischen Vorbildern gewonnen und auch nicht nach dem Stand der Gestirne berechnet werden, sondern man muß es sich von Menschen verschaffen, und zwar von Menschen, die mit der Lage des Feindes vertraut sind.(Sunzi, 5./6. Jh. v. Chr., »Die Kunst des Krieges«)

GESETZ

14

Die Blitzkriegsstrategie

Widerstand schnell und unvermittelt überwinden

In einer Welt, in der viele Menschen unentschlossen und übervorsichtig sind, bringt Schnelligkeit unermessliche Stärke. Wenn Sie zuerst zuschlagen, bevor Ihre Gegner Zeit haben, nachzudenken oder sich vorzubereiten, werden Sie sie emotional machen und aus dem Gleichgewicht bringen – und ihnen werden Fehler unterlaufen. Wenn Sie ein weiteres schnelles, plötzliches Manöver folgen lassen, werden Sie den Feind in noch mehr Panik und Verwirrung stürzen. Diese Strategie funktioniert am besten, wenn Sie den Feind vorher eingelullt haben; dann trifft Ihre unerwartete Aktion ihn nämlich, ohne dass er dagegen gewappnet wäre. Wenn Sie zuschlagen, sollten Sie das mit ungeheurer Wucht machen. Durch schnelles, entschlossenes Handeln werden Sie sich großen Respekt erwerben und unwiderstehlichen Schwung gewinnen.

Schlüssel zur Kriegführung

*DSCHEN /
Das Erregende
(das Erschüttern,
der Donner)*

*Das Zeichen Dschen
ist der älteste Sohn,
der die Herrschaft
energisch und machtvoll ergreift. Ein
Yangstrich entsteht
unter zwei Yinstrichen und dringt
machtvoll empor.
Diese Bewegung ist
so heftig, daß sie
Schrecken erregt.
Als Bild dient der
Donner, der aus der
Erde hervorbricht
und durch seine
Erschütterung Furcht
und Zittern verursacht.*

DAS URTEIL

*Das Erschüttern
bringt Gelingen.*

*Das Erschüttern
kommt: Hu, Hu!*

*Lachende Worte:
Ha, Ha!*

*Das Erschüttern
erschreckt hundert
Meilen, ...*

»I-GING«
(CA. 8. JH. V. CHR.)

Im Mai 1940 marschierten die Deutschen in Frankreich und den Niederlanden ein. Dabei benutzten sie eine neue Form des Krieges: den Blitzkrieg. Sie rückten mit unglaublicher Geschwindigkeit vor und koordinierten ihre Panzer und Flugzeuge bei einem Angriff, der in einem der schnellsten und verheerendsten Siege der Militärgeschichte gipfelte. Der Erfolg des Blitzkriegs beruhte größtenteils darauf, dass die Verteidigung der Alliierten starr und statisch war. Als die Deutschen sie durchbrachen, konnten die Alliierten nicht rechtzeitig reagieren.

Heute haben wir es mehr denn je mit Menschen zu tun, die defensiv und vorsichtig sind, die jede Handlung aus einer statischen Position heraus beginnen. Das hat einen einfachen Grund: Das moderne Leben wird immer schneller und bringt unaufhörlich Ablenkungen, Ärgernisse und Störungen. Da besteht die natürliche Reaktion vieler Menschen darin, sich in ihr Inneres zurückzuziehen und psychische Mauern gegen die harte Wirklichkeit zu errichten.

Der Blitzkrieg mit seinen täglichen Gefechten ist die perfekte Strategie für solche Zeiten. Während die anderen defensiv und unbeweglich bleiben, überraschen Sie sie mit plötzlichen, entschlossenen Aktionen und zwingen sie, zu handeln, bevor sie gut genug vorbereitet sind. Sie können nicht wie gewöhnlich reagieren, indem sie ausweichen oder vorsichtig sind. Am wahrscheinlichsten ist, dass sie dann emotional werden und unklug reagieren. Sie haben ihre Verteidigungslinien durchbrochen, und wenn Sie den Druck aufrechterhalten und erneut mit etwas Unerwartetem zuschlagen, werden Sie sie in eine nach unten gerichtete psychische Spirale stürzen; sie werden dann unweigerlich Fehler machen, was ihre Verwirrung noch steigert – und der Kreislauf setzt sich fort.

Wenn Sie einen Blitzkrieg führen wollen, müssen Sie zunächst den schwachen Punkt des Feindes ermitteln. Indem Sie dort losschlagen, wo Sie auf den geringsten Widerstand stoßen werden, können Sie die entscheidende Wucht entwickeln. Schnelligkeit ist nicht nur ein probates Mittel gegen Feinde, sondern kann auch einen positiven Einfluss auf die Menschen haben, die auf Ihrer Seite stehen. Sie ruft ein Gefühl der Vitalität hervor. Wenn Sie sich schnell bewegen, haben Sie und Ihre Armee weniger Zeit dafür, Fehler zu begehen. Außerdem erzeugt es einen starken Sog: Immer mehr Menschen werden Ihre Kühnheit bewundern und sich dafür entscheiden, sich Ihnen anzuschließen.

In den Wechselfällen des Krieges kommt es besonders auf die Schnelligkeit an. Triff den Gegner unvorbereitet, schlage Wege ein, von denen er nichts ahnt, und greife ihn dort an, wo er keine Vorkehrungen getroffen hat.

Sunzi
(5./6. Jh. v. Chr.),
»Die Kunst
des Krieges«

*Veni, vidi, vici.
(Ich kam, ich sah,
ich siegte)*

Julius Cäsar
(100–44 v. Chr.)

Symbol: Das Unwetter. Der Himmel wird ganz still, der Wind legt sich völlig; das ist friedlich und beruhigend. Dann fahren unversehens, aus dem Nichts, Blitze herab, der Wind frischt auf ... und der Himmel explodiert. Das Furchtbare am Unwetter ist seine Plötzlichkeit.

Garant: Beim Überlegen muss man langsam sein, bei der Durchführung aber schnell. (Napoleon Bonaparte, 1769–1821)

GESETZ

15

Erzwingungsstrategien

Die Dynamik unter Kontrolle bringen

Die Leute bemühen sich ständig, die Kontrolle über Sie zu erlangen – Sie dazu zu bringen, in ihrem Interesse zu handeln, die Dynamik in ihrem Sinne zu gestalten. Sie selbst können nur die Oberhand gewinnen, wenn Ihr eigenes Spiel um die Kontrolle intelligenter und heimtückischer ist. Statt sich zu bemühen, jede einzelne Bewegung der anderen Seite zu dominieren, sollten Sie daran arbeiten, die Natur der Beziehung selbst zu definieren. Verlagern Sie den Konflikt auf Terrain, das Sie ausgewählt haben, ändern Sie das Tempo und den Einsatz nach Ihrem Geschmack. Manövrieren Sie so, dass Sie die Kontrolle über die Köpfe der Feinde erlangen, drücken Sie auf ihre emotionalen Schalter und zwingen Sie sie zu Fehlern. Falls nötig, sollten Sie ihnen das Gefühl geben, dass sie die Kontrolle haben, damit sie unachtsam werden. Wenn Sie die Richtung und die Gestaltung der Schlacht unter Kontrolle haben, werden sie Ihnen mit allem, was sie tun, in die Hände arbeiten.

Die Kunst der ultimativen Kontrolle

»*Das Niederdrücken des Kissens*« *besagt, dass man jemand daran hindert, den Kopf zu erheben. In Schlachten ist es gemäß der Kampfkunst verboten, dem Gegner die Führung zu überlassen und selbst in die Defensive zu geraten. Man muss unter allen Umständen versuchen, den Gegner zu führen, indem man ihn vollständig kontrolliert. Der Gegner wird das Gleiche versuchen, darum muss man seine Taktik durchschauen. ... Man wird den Gegner ohne Anstrengung kontrollieren und* »*das Kissen niederdrücken*«, *wenn es nötig ist ...*

MIYAMOTO MUSASHI (1584–1645), »DAS BUCH DER FÜNF RINGE«

Die Kontrolle spielt bei allen Beziehungen eine Rolle. Es liegt in unserer Natur, das Gefühl der Hilflosigkeit zu verabscheuen und nach Macht zu streben. Wenn zwei Menschen oder Gruppen interagieren, findet immer ein ständiges Manövrieren zwischen ihnen statt, um die Beziehung zu definieren, um zu bestimmen, wer die Kontrolle über dies und das hat. Diese Willensschlacht lässt sich nicht vermeiden. Als Stratege haben Sie zwei Aufgaben: Sie müssen den Kampf um die Kontrolle bei allen Aspekten des Lebens erkennen und dürfen sich nie von denjenigen Sand in die Augen streuen lassen, die behaupten, an der Kontrolle nicht interessiert zu sein. Solche Typen sind oft die manipulativsten überhaupt. Zweitens müssen Sie die Kunst beherrschen, die anderen wie Schachfiguren herumzuschieben, mit einem Zweck und einer Richtung. Diese Kunst wurde im Laufe der Zeit von den kreativsten Generälen und Militärstrategen entwickelt.

Jeder Krieg ist vor allem ein Kampf darum, wer die Aktionen der anderen Seite in größerem Umfang kontrollieren kann. Militärische Genies wie Hannibal oder Napoleon entdeckten, dass man die Kontrolle am besten erringen kann, wenn man das Tempo, die Richtung und die Gestalt des Krieges bestimmt. Sie müssen den Feind also dazu bringen, mit Ihrem Tempo zu kämpfen, Sie müssen ihn auf Terrain locken, mit dem er nicht vertraut ist und das Ihnen entgegenkommt – Sie müssen Ihre Stärken zum Tragen bringen. Das Wichtigste ist aber: Sie müssen Einfluss auf die geistige Verfassung Ihrer Gegner gewinnen und mit Ihren Manövern auf ihre psychischen Schwächen abzielen.

Hervorragende Strategen verstehen, dass man einfach nicht bestimmen kann, wie der Feind auf diese oder jene Bewegung reagieren wird. Jeder Versuch, das zu schaffen, wird nur zu Frustration und Erschöpfung führen. Im Krieg und im Leben gibt es zu viel Unvorhersehbares. Wenn der Stratege aber die Stimmung und die geistige Verfassung seiner Feinde unter Kontrolle hat, spielt es keine Rolle, wie sie im Einzelnen auf seine Manöver reagieren. Wenn er sie in Angst und Panik versetzen, sie übermäßig aggressiv und wütend machen kann, hat er die generelle Kontrolle über ihre Aktionen und kann sie in eine mentale Falle locken, noch bevor er sie körperlich in die Enge treibt.

Kontrolle kann aktiv oder passiv sein. Sie kann ein sofortiger Schlag gegen den Feind sein, sodass er sich zurückziehen und die Initiative aus der Hand geben muss; sie kann aber auch darin bestehen, dass man sich nicht rührt, damit der Feind seine Verteidigung lockert oder sich zu einem voreiligen Angriff verleiten lässt. Bei der Kunst der Kontrolle werden beide Aspekte zu einem vernichtenden Muster verwoben – Angriff, Rückzug, Verleitung, Überwältigung.

Diese Kunst lässt sich ungemein gut auf die Schlachten im täglichen Leben anwenden. Viele Menschen neigen dazu, unbewusst um die Dominanz zu ringen, oder verfangen sich in dem Bemühen, jede Bewegung des anderen zu kontrollieren. Sie versuchen, zu viel zu managen und zu bestimmen; das führt zu Erschöpfung, sodass sie Fehler machen, die Leute wegstoßen und letztlich die Kontrolle über die Situa-

Kurz gesagt: Ich bin wie Friedrich [der Große] der Ansicht, dass man immer als Erster angreifen sollte.

NAPOLEON
BONAPARTE
(1769–1821)

> *Daß bei einem gleichen Grad von Einsicht im Kriege tausendmal mehr verdorben wird durch Ängstlichkeit als durch Kühnheit, das brauchen wir wohl nur auszusprechen, um des Beifalls unserer Leser gewiß zu sein.*
>
> Carl von Clausewitz (1780–1831), »Vom Kriege«

tion verlieren. Sobald Sie die Kunst der ultimativen Kontrolle verstehen und beherrschen, werden Sie kreativer dabei werden, die andere Seite zu beeinflussen und zu kontrollieren. Wenn Sie die Stimmung der Leute, das Tempo, in dem sie sich bewegen müssen, und die Einsätze, um die es geht, bestimmen, werden Sie feststellen, dass fast alles, was die Leute als Reaktion auf Ihre Manöver machen, in die Gesamtdynamik passt, die Sie erschaffen haben. Vielleicht wissen sie, dass Sie die Kontrolle haben, können aber nichts dagegen tun, oder sie bewegen sich in die von Ihnen gewünschte Richtung, ohne es zu merken. Das ist die ultimative Kontrolle.

Hier die vier Grundprinzipien dieser Kunst:

Drängen Sie den Feind in die Defensive. Bevor der Feind eine Bewegung macht, bevor unerwartete Aktionen seinerseits oder der Zufall Ihre Pläne durchkreuzen können, reißen Sie durch einen aggressiven Zug die Initiative an sich. Dann erhalten Sie einen gnadenlosen Druck aufrecht und nutzen den Vorteil des Augenblicks voll aus. Sie warten nicht darauf, dass sich Ihnen Chancen bieten, sondern erschaffen sie selbst. Falls Sie die schwächere Seite sind, wird das Ihre Schwäche oft mehr als ausgleichen. Den Feind in der Defensive und im Reaktionsmodus festzunageln wird eine demoralisierende Wirkung auf ihn haben.

Verlagern Sie das Schlachtfeld. Natürlich würde der Feind gern auf ihm vertrautem Terrain gegen Sie kämpfen. »Terrain« umfasst hier alle Einzelheiten der Schlacht – Zeit und Ort, worum es geht, wer am Kampf beteiligt ist … Wenn Sie Ihre Feinde geschickt an Orte und in Situationen drängen, mit denen sie sich nicht auskennen, haben Sie die Kontrolle über die Dynamik. Ohne zu merken, was da passiert, werden Ihre Feinde dann feststellen müssen, dass sie zu Ihren Bedingungen kämpfen.

Zwingen Sie die andere Seite zu Fehlern. Ihre Feinde sind darauf angewiesen, eine Strategie umzusetzen, die sich zu ihrem Vorteil auswirkt, die früher schon mal funktioniert hat. Daher haben Sie zwei Aufgaben: in der Schlacht so zu kämpfen, dass der Feind seine Stärke oder Strategie nicht zum Tragen bringen kann, und so große Frustration hervorzurufen, dass ihm bei diesem Prozess Fehler unterlaufen. Sie geben ihm nicht genug Zeit dafür, irgendetwas zu tun; Sie nutzen seine emotionalen Schwächen aus und reizen ihn möglichst stark; Sie locken ihn in tödliche Fallen. Sie erlangen die Kontrolle weniger durch Ihre eigenen Aktionen als durch seine Fehltritte.

Übernehmen Sie die passive Kontrolle. Die ultimative Form der Dominanz besteht darin, die Leute auf der anderen Seite denken zu lassen, *sie* hätten die Kontrolle. Wenn sie glauben, Oberwasser zu haben, werden sie Ihnen mit geringerer Wahrscheinlichkeit Widerstand entgegensetzen oder sich defensiv verhalten. Diesen Eindruck können Sie hervorrufen, indem Sie sich mit der Energie der anderen Seite bewegen und Boden preisgeben, sie aber langsam und unauffällig in die von Ihnen gewünschte Richtung drängen. Das ist oft die beste Weise, die Kontrolle über übermäßig aggressive und passiv-aggressive Feinde zu erlangen.

Symbol: Der Boxer. Ein hervorragender Kämpfer verlässt sich nicht auf seine Schlagkraft oder seine schnellen Reflexe. Nein, er verleiht dem Kampf einen Rhythmus, der ihm genehm ist; er greift mit einem Tempo an und zieht sich zurück, das er bestimmt; er hat den Ring unter Kontrolle, er manövriert seinen Gegner in die Mitte, zu den Seilen, auf sich selbst zu oder von sich weg. Er ist der Herr über Zeit und Raum und erzeugt Frustration, er zwingt seinen Gegner zu Fehlern und bewirkt einen mentalen Zusammenbruch, dem der körperliche folgt. Er gewinnt nicht mit seinen Fäusten, sondern durch die Kontrolle über den Ring.

Garant: Wenn man sich ausruhen will, muss man dafür sorgen, dass der Feind beschäftigt ist. Das wirft ihn in die Defensive zurück, und wenn er sich einmal dort befindet, kann er sich den gesamten Feldzug hindurch nicht mehr erheben. (Friedrich der Große, 1712–1786)

GESETZ

16

Die Strategie des Schwerpunkts

Sie da treffen, wo es schmerzt

Jeder hat eine Kraftquelle, von der er abhängig ist. Wenn Sie sich Ihre Konkurrenten ansehen, sollten Sie unter der Oberfläche nach dieser Quelle suchen, nach dem Zentrum der Schwerkraft, das die gesamte Struktur zusammenhält. Das kann ihr Reichtum sein, ihre Beliebtheit, eine Schlüsselposition, eine Gewinnstrategie. Wenn Sie sie dort treffen, wird sie das unverhältnismäßig stark schmerzen. Finden Sie heraus, was der anderen Seite am wichtigsten ist, was sie besonders schützt – genau dort müssen Sie zuschlagen!

Schlüssel zur Kriegführung

Der dritte Shogun Iemitsu liebte Schwertschaukämpfe. Als er einmal einige seiner hervorragenden Schwertkämpfer bei einer Darbietung ihrer Fähigkeiten beobachten wollte, erblickte er in der Menge der Zuschauer einen Meister der Reitkunst, der Suwa Bunkuro hieß. Er forderte ihn aus einem Impuls heraus auf, mitzumachen. Bunkuro erwiderte, das würde er sehr gern tun, wenn er zu Pferd kämpfen dürfe; er setzte hinzu, dass er auf dem Rücken eines Pferdes jeden Gegner schlagen könne. Iemitsu war erfreut und forderte die Schwertkämpfer auf, in dem Stil gegen Bunkuro anzutreten, den dieser bevorzugte. Es stellte sich daran heraus, dass Bunkuro zu Recht so geprahlt hatte. Auf einem tänzelnden Pferd ein Schwert zu schwingen – das war kaum einer der Schwertkämpfer gewohnt, und Bunkuro besiegte mühelos jeden, der es

Es ist ganz natürlich, sich im Krieg auf die physischen Aspekte des Konflikts zu konzentrieren – auf die Menschen, die Ausrüstung, das Material. Selbst ein hervorragender Stratege wird dazu neigen, zuerst die Armee, Feuerkraft, Mobilität und die Reserven des Feindes zu betrachten. Krieg ist eine emotionale Sache, eine Arena der körperlichen Gefahr, und es erfordert große Anstrengung, sich über diese Ebene zu erheben und andere Fragen zu stellen: Was bringt die Armee des Feindes dazu, sich zu bewegen? Was verleiht ihr Schwung und Standhaftigkeit? Wer leitet ihre Aktionen? Was ist die Grundquelle ihrer Kraft?

Es liegt in der Natur der Stärke, dass man anderen ein eindrucksvolles Äußeres präsentiert, dass man bedrohlich und einschüchternd, stark und entschlossen wirken will. Diese Außendarstellung ist jedoch häufig übertrieben oder sogar eine regelrechte Täuschung, da Stärke ihre Schwächen nicht zu zeigen wagt. Und unter der Darstellung nach außen liegt das Fundament, auf dem die Stärke ruht.

Diesen Schwerpunkt anzugreifen, ihn auszuschalten oder zu zerstören, ist die ultimative Kriegsstrategie; wenn das gelingt, wird nämlich die gesamte Struktur zusammenbrechen. Ein Treffer in dieses Zentrum wird verheerende psychische Auswirkungen haben, den Feind aus dem Gleichgewicht bringen und zu einer schleichenden Panik führen. Während konventionelle Generäle den physischen Aspekt der feindlichen Armee betrachten, sich auf ihre Schwächen konzentrieren und sie zu nutzen versuchen, blicken überragende Strategen weiter und tiefer, auf das System, das die Struktur stützt. Ein erfolgreicher Angriff auf den Schwerpunkt wird dem Feind besonders wehtun – das ist ja die Stelle, an der er am verwundbarsten ist. Ein Treffer dort ist die beste Weise, dem Konflikt endgültig und ökonomisch ein Ende zu setzen.

Wenn Sie den Schwerpunkt einer Gruppe finden wollen, müssen Sie ihre Struktur und die Kultur verstehen, in der sie operiert. Sind Ihre Feinde hingegen Einzelne, müssen Sie deren Psychologie ausloten: Was treibt sie an? Wie sehen ihre Denkstruktur und ihre Prioritäten aus?

Je stärker der Feind zentralisiert ist, desto verheerender wird ein Schlag gegen seine Führung sein. Bei dezentralisierteren Feinden gibt es mehrere getrennte Schwerpunkte. Hier liegt der Schlüssel darin, ihre Organisation zu zerstören, indem man die Kommunikation zwischen ihnen unterbricht; wenn die Teile nicht mit dem Ganzen kommunizieren können, entsteht Chaos.

Sie müssen sich bei allen Interaktionen auf die Stärken der anderen konzentrieren, auf die Quelle ihrer Kraft, auf das, was ihnen die entscheidende Stütze ist. Durch dieses Wissen werden Sie sich zahlreiche strategische Optionen erschließen, Sie werden viele Angriffsmöglichkeiten sehen, durch die Sie ihre Stärke geschickt untergraben können, statt ihnen einen direkten Schlag zu versetzen. Wenn Ihre Feinde ihre Stärken nicht mehr benutzen können, wird sie die größte Panik ergreifen.

wagte, auf einem Pferd gegen ihn anzutreten. Darüber ärgerte Iemitsu sich; er forderte Munenori auf, es zu versuchen. Munenori war zwar eigentlich nur Zuschauer, doch er fügte sich sofort und bestieg ein Pferd. Als sein Pferd auf Bunkuros zuschritt, hielt Munenori es plötzlich an und versetzte Bunkuros Pferd mit seinem Holzschwert einen Schlag aufs Maul. Während der berühmte Reiter noch versuchte, sein Gleichgewicht wiederzuerlangen, stieß Munenori ihn vom Pferd.

YAGYU MUNENORI (1571–1646)

Damit der Mensch flüssig atmen und am Leben bleiben kann, benötigt er seinen Hals. Wird er dort gewürgt, verlieren seine fünf Sinnesorgane ihre Empfindlichkeit und funktionieren nicht mehr normal. Seine Glieder werden dann taub und gelähmt, sodass er sie nicht mehr strecken kann. Daher kann er in solchen Fällen kaum überleben. Wenn die Banner des Feindes in Sicht kommen und die Trommeln zu hören sind, müssen wir also als Erstes die Positionen seines Rückens und seines Halses herausfinden. Dann können wir ihn von hinten angreifen und ihn am Hals würgen.

SUN HAICHEN, »THE WILES OF WAR«

Symbol: Die Mauer. Ihre Gegner stehen hinter einer Mauer, die sie vor Fremden und Eindringlingen schützt. Sie sollten nicht mit Ihrem Kopf dagegenhämmern oder sie belagern, sondern nach den Streben und Trägern suchen, die sie aufrechterhalten und stark machen. Sie müssen unter der Mauer graben und ihre Fundamente zerstören, bis sie von selbst zusammenbricht.

Garant: Aus ihnen [den vorherrschenden Verhältnissen beider Staaten] wird sich ein gewisser Schwerpunkt, ein Zentrum der Kraft und Bewegung bilden, von welchem das Ganze abhängt, und auf diesen Schwerpunkt des Gegners muß der gesammelte Stoß aller Kräfte gerichtet sein.
Der erste [Hauptgrundsatz] ist: das Gewicht der feindlichen Macht auf so wenig Schwerpunkte als möglich zurückzuführen, wenn es sein kann, auf einen; wiederum den Stoß gegen diese Schwerpunkte auf so wenig Haupthandlungen als möglich zurückzuführen, wenn es sein kann, auf eine … (Carl von Clausewitz, 1780–1831, »Vom Kriege«)

GESETZ

17

Die Strategie »teilen und erobern«

Sie im Kleinen besiegen

Wenn Sie sich Ihre Feinde anschauen, sollten Sie sich nicht durch ihr Äußeres einschüchtern lassen, sondern sich die Teile ansehen, die das Ganze bilden. Wenn Sie diese Teile voneinander trennen, wenn Sie von innen heraus Uneinigkeit und Zwietracht säen, können Sie selbst den furchtbarsten Feind schwächen und niederringen. Bei der Vorbereitung Ihres Angriffs sollten Sie auf ihre Köpfe einwirken und innere Konflikte auslösen. Suchen Sie nach den Scharnieren und Gelenken, nach den Dingen, die die Leute in einer Gruppe oder mehrere Gruppen miteinander verbinden. Uneinigkeit bedeutet Schwäche, und die Gelenke sind bei allen Strukturen das schwächste Element. Wenn Sie sich Schwierigkeiten oder Feinden gegenübersehen, sollten Sie große Probleme in kleine, leicht besiegbare Teile zerlegen.

Schlüssel zur Kriegführung

DREI STIERE UND DER LÖWE

Drei Stiere schlossen miteinander ein Bündnis, jede Gefahr auf der Weide mit vereinten Kräften abzuwehren; so vereinigt, trotzten sie sogar dem Löwen, daß dieser sich nicht an sie wagte.

Als ihn eines Tages der Hunger arg plagte, stiftete er Uneinigkeit unter ihnen. Sie trennten sich, und nach nicht acht Tagen hatte er alle drei, jeden einzeln, angegriffen und verzehrt.

Eintracht gibt Stärke und Sicherheit, Zwietracht bringt Schwäche und Verderben.

Äsop
(6. Jh. v. Chr.),
»Fabeln«

Selbst in den Zivilisiertesten von uns lauert tief im Inneren die fundamentale Angst davor, allein zu sein, ohne Unterstützung, Gefahren schutzlos ausgesetzt. Heute sind die Menschen verstreuter, und der Zusammenhalt in der Gesellschaft ist schwächer als je zuvor; das steigert aber nur unser Bedürfnis, zu einer Gruppe zu gehören, ein starkes Netz von Verbündeten zu haben – uns auf allen Seiten unterstützt und geschützt zu fühlen. Nimmt man uns dieses Gefühl, fallen wir in ein urzeitliches Entsetzen über unsere eigene Verwundbarkeit zurück.

Die Strategie »teilen und erobern« war noch nie so effektiv wie heute: Wenn man Menschen von ihrer Gruppe trennt – sodass sie sich entfremdet, allein und ungeschützt fühlen –, schwächt man sie enorm. In diesem Augenblick der Schwäche können Sie sie am besten in eine Ecke drängen, um sie dann zu verführen oder mit Panik zu erfüllen und zum Rückzug zu bringen.

Es ist immer klug, Ihre Feinde vor einem direkten Angriff erst einmal zu schwächen, indem Sie in ihren Reihen möglichst viel Zwietracht säen. Eine gute Stelle, um einen Keil einzutreiben, ist die zwischen der Führung und den Leuten, ob nun den Soldaten oder der Bürgerschaft; wenn Führer ihre Unterstützung bei den Leuten verlieren, funktionieren sie nur schlecht.

»Teilen und herrschen« ist gegenüber Gruppen immer eine starke Strategie. Sie beruht auf einem Schlüsselprinzip: Die Leute bilden in allen Organisationen von Natur aus kleinere Gruppen, auf der Grundlage von gemeinsamem Selbstinteresse; da zeigt sich der urzeitliche Wunsch, in der Zahl Stärke zu finden. Diese Untergruppen entwickeln Machtbasen, die die Organisation als Ganzes bedrohen, wenn man nichts dagegen unternimmt. Die Entstehung von Parteien und Splittergruppen kann für die Führer eine große Gefahr sein, da sie im Laufe der Zeit natürlich eher ihre eigenen Interessen verfolgen werden als die der größeren Gruppe. Die Lösung besteht darin, zu teilen, um zu herrschen. Um das erreichen zu können, müssen Sie zunächst sich selbst als Machtzentrum etablieren; jeder Einzelne muss wissen, dass er um Ihre Anerkennung kämpfen muss. Dadurch, dass man Ihnen gefällt, muss mehr zu gewinnen sein als durch das Bemühen, sich innerhalb der Gruppe eine Machtbasis aufzubauen.

Denken Sie an die Aufrührer in Ihrer Gruppe, die in erster Linie für ihre eigenen Interessen arbeiten. Sie nutzen die Unzufriedenheit in der Organisation und fachen dort Zwietracht und Gruppenbildung an. Sie selbst können immer daran arbeiten, solche Gruppen zu teilen, sobald Sie sie erkannt haben, doch es gibt noch eine bessere Lösung: dafür zu sorgen, dass Ihre Soldaten zufrieden bleiben, und den Aufrührern so den Nährboden zu entziehen; sie werden dann, verbittert und isoliert, von selbst aussterben.

Am wichtigsten ist, dass Sie schnell etwas gegen Ihre Feinde unternehmen. Wenn Sie warten, bis die Probleme zu Ihnen kommen, werden sie sich vervielfachen und tödliche Wucht gewinnen.

> *Jedes Reich, das in sich gespalten ist, wird veröden und ein Haus ums andere stürzt ein. Wenn also der Satan mit sich selbst im Streit liegt, wie kann sein Reich dann Bestand haben?*
>
> LUKAS 11,17–18

Symbol: Der Knoten. Er ist groß und heillos in sich verheddert – es scheint unmöglich zu sein, ihn zu entwirren. Er besteht aus Tausenden von kleineren Knoten, die alle verdreht und ineinander verschlungen sind. Im Laufe der Zeit wird der Knoten nur schlimmer werden. Statt zu versuchen, ihn von dieser oder jener Seite her zu entwirren, sollten Sie zu Ihrem Schwert greifen und ihn mit einem einzigen Schlag in zwei Hälften teilen. Wenn er einmal geteilt worden ist, wird er von selbst auseinanderfallen.

Garant: Wer sich in alter Zeit auf die Kriegführung verstand, vermochte den Feind in eine Lage zu bringen, in der Vorne und Hinten einander nicht erreichten, die vielen und die wenigen einander nicht stützten, die Hohen und die Niederen einander nicht halfen, die Oberen und die Unteren sich nicht fanden, die versprengten Soldaten sich nicht wieder formierten und die formierten Verbände zu keiner Ordnung fanden. (Sunzi, 5./6. Jh. v. Chr., »Die Kunst des Krieges«)

GESETZ

18

Die Wendestrategie

Die weiche Flanke des Feindes entblößen und angreifen

Wenn Sie den Feind direkt angreifen, werden Sie seinen Widerstand nur verstärken und Ihre Aufgabe viel schwieriger machen. Es gibt eine bessere Möglichkeit: Die Aufmerksamkeit des Feindes auf die Front zu lenken und ihn dann von der Seite aus anzugreifen, wo er am wenigsten damit rechnet. Wenn man ihn da trifft, wo er weich, empfindlich und ungeschützt ist, ruft man einen Schock hervor, einen Augenblick der Schwäche, den man nutzen kann. Sie sollten die Leute dazu verleiten, sich in eine schwierige Lage zu begeben und ihre schwache Seite zu entblößen, und sie dann dort unter Feuer nehmen. Hartnäckige Feinde kann man nur dazu bringen, sich zu bewegen, indem man sich ihnen indirekt nähert.

Schlüssel zur Kriegführung

Eure Freundlichkeit/ Wird mehr als Zwang zur Freundlichkeit uns zwingen.

WILLIAM SHAKESPEARE (1564–1616), »WIE ES EUCH GEFÄLLT«

Wer in der schwierigen Welt von heute wahre Macht gewinnt, hat gelernt, indirekt zu sein. Er weiß, wie wichtig es ist, von der Seite her zu kommen, seine Absicht zu verbergen, den Widerstand des Feindes zu senken, statt der gefährlichen Hörner die weiche, entblößte Flanke anzugreifen. Er versucht nicht, die Leute herumzuzerren, sondern wirkt sanft auf sie ein, damit sie die von ihm gewünschte Richtung einschlagen. Das macht zwar Mühe, zahlt sich letztlich aber reichlich aus, in Form von reduzierten Konflikten und besseren Ergebnissen.

Sie dürfen Ihre Absichten oder Ziele niemals preisgeben, sondern sollten Ihren Charme und Ihren Humor, angenehme Unterhaltungen und Schmeicheleien – eben das, was funktioniert – benutzen, damit die Aufmerksamkeit der Leute auf ihre Vorderseite gerichtet bleibt. Dann ist ihre Flanke entblößt, und wenn Sie jetzt Andeutungen fallen lassen oder kleine Richtungsänderungen vorschlagen, sind die Tore offen; Ihre Feinde sind entwaffnet und lenkbar.

Sie sollten das Ego und die Eitelkeit der Menschen als eine Art Front betrachten. Wenn sie Sie angreifen, ohne dass Sie wüssten, weshalb, liegt das oft daran, dass Sie ihr Ego, ihr Gefühl von ihrer Bedeutung in der Welt, unabsichtlich bedroht haben. Wo das möglich ist, müssen Sie immer daran arbeiten, dass die Leute sich im Hinblick auf sich selbst sicher fühlen. Auch hier können Sie alles benutzen, was funktioniert – subtile Schmeicheleien, Geschenke, eine unerwartete Beförderung, ein Bündnisangebot, die Vortäuschung von Ebenbürtigkeit, eine Spiegelung ihrer Ideen und Werte. All diese Dinge werden ihnen das Gefühl verleihen, in ihrer Frontposition gegenüber der Welt verankert zu sein, sodass sie ihre Verteidigung reduzieren und Sie mögen. Jetzt fühlen sie sich sicher und wohl – und Sie können über ihre Flanke angreifen. Bei einem Ziel mit einem empfindlichen Ego ist das besonders verheerend.

Der Angriff über die Flanke wird im Krieg häufig benutzt, nachdem man den Feind dazu gebracht hat, eine seiner Schwachstellen zu entblößen. Das bedeutet, dass man ihn auf geeigneten Boden manövriert oder ihn dazu verleitet, so vorzurücken, dass seine Front schmal ist und seine Flanken lang sind – ein wunderbares Ziel für einen Angriff von der Seite!

Wenn Menschen ihre Ideen und Argumente präsentieren, zensieren sie sich oft selbst und bemühen sich, versöhnlicher und beweglicher zu wirken, als sie sind. Falls Sie sie direkt an der Front angreifen, werden Sie letztlich nicht sehr weit kommen, da es nicht viel gibt, auf das Sie zielen könnten. Daher sollten Sie lieber versuchen, sie dazu zu bringen, mit ihren Ideen weiter zu gehen und Ihnen so ein größeres Ziel zu bieten. Das können Sie schaffen, indem Sie sich zurückhalten, sich ihnen scheinbar anschließen und sie dazu verlocken, sich überstürzt vorwärtszubewegen. Dann werden sie sich selbst verwundbar machen, sie werden ein Argument vorbringen, das sich nicht halten lässt, oder sich in eine Position manövrieren, in der sie lächerlich aussehen. Der entscheidende Punkt ist, nie zu früh loszuschlagen. Sie müssen Ihren Gegnern Zeit dafür lassen, sich aufzuhängen.

In unserer politischen Welt sind die Leute von ihrer gesellschaftlichen Position abhängig. Sie brauchen

Das Buch der Wandlungen (I-ging) wird oft als die orientalische Apotheose der Anpassung, der Flexibilität, betrachtet. Das immer wiederkehrende Thema ist die Beobachtung des Lebens, die Verschmelzung mit seinem Fließen, damit man überleben und sich entwickeln kann. Letztlich ist das Thema dieses Werks, dass alles, was existiert, eine Quelle von Konflikten, Gefahren und auch Gewalt sein kann, wenn man es von der falschen Seite oder auf eine falsche Weise angeht. Das heißt, wenn man es am Punkt seiner größten Stärke direkt konfrontiert, da die Begegnung durch diese Vorgehensweise verheerend werden kann. Umgekehrt kann man mit allen Ereignissen fertigwerden, wenn man sich ihnen an der richtigen Stelle und auf die richtige Weise nähert, das heißt, an ihrer Quelle, bevor sie ihre volle Kraft entfalten können, oder von den Seiten

Gesetz 18 • Die Wendestrategie | *119*

(den verwundbaren »Flanken des Tigers«).

Oscar Ratti und Adele Westbrook, »Secrets of the Samurai«

Unterstützung aus möglichst vielen Quellen. Diese Unterstützung, bei den meisten Leuten die Grundlage ihrer Macht, bildet eine Flanke, die Sie wunderbar entblößen und angreifen können. Eine Flankenattacke auf den gesellschaftlichen Status und das Ansehen wird dazu führen, dass sie sich umdrehen, um sich dieser Bedrohung zu stellen, was Ihnen reichlich Raum dafür gibt, sie in andere Richtungen zu lenken. Je subtiler und indirekter Ihre Manöver im Leben sind, desto besser. Die ultimative Entwicklung der Strategie geht zum immer Indirekteren. Ein Gegner, der nicht sehen kann, wo Sie hinwollen, ist in einem gravierenden Nachteil. Je mehr Winkelzüge Sie benutzen, desto schwieriger wird es für Ihre Feinde sein, sich zu verteidigen.

Symbol: Der Hummer. Mit seinen scharfen Scheren, die unversehens zuschlagen, seiner harten Schutzschale und seinem kräftigen Schwanz, der es schnell aus jeder Gefahr bringt, wirkt dieses Tier bedrohlich und unangreifbar. Wer einen Hummer direkt angreift, wird dafür einen hohen Preis zahlen müssen. Wenn man ihn aber mit einem Stock umdreht, wird seine zarte Unterseite sichtbar und er ist hilflos.

Garant: Schlachten gewinnt man dadurch, dass man den Feind umdreht und ihn an der Flanke angreift. (Napoleon Bonaparte, 1769–1821)

GESETZ
19

Die Vernichtungsstrategie

Den Feind einkesseln

Die Leute werden jede Lücke in Ihrer Verteidigung nutzen, um Sie anzugreifen oder sich an Ihnen zu rächen. Daher dürfen Sie ihnen keine Lücken bieten. Das Geheimnis liegt darin, Ihre Gegner einzukesseln – von allen Seiten her schonungslos Druck auszuüben, ihre Aufmerksamkeit zu beherrschen und ihnen den Zugang zur Außenwelt zu versperren. Erzeugen Sie ein nebelhaftes Gefühl der Verwundbarkeit, indem Sie Ihre Angriffe unvorhersehbar machen. Wenn Sie dann spüren, dass ihre Entschlossenheit schwindet, sollten Sie ihre Willenskraft zerschmettern, indem Sie die Schlinge zuziehen. Die besten Umzingelungen sind psychischer Natur – Einkesselungen der Köpfe.

Schlüssel zur Kriegführung

Es kommt vor, dass man einen Gegner körperlich besiegt hat, sein Kampfgeist aber noch aktiv ist. Er könnte also wieder zu Kräften kommen und zurückschlagen. Dann muss man sein Herz zerschlagen. Das kann mit dem Schwert, mit dem Körper und mit dem Geist geschehen.

MIYAMOTO MUSASHI (1584–1645), »DAS BUCH DER FÜNF RINGE«

Vor Tausenden von Jahren führten die Menschen ein Nomadenleben; sie zogen durch Wüsten und über Ebenen und ernährten sich als Jäger und Sammler. Dann lebten sie in Siedlungen und bauten ihr Essen an. Diese Veränderung brachte uns Bequemlichkeit und Kontrolle, doch in einem Teil unseres Geistes sind wir Nomaden geblieben: Wir können nicht anders, als den Raum, in dem wir herumstreifen und -ziehen können, mit einem Gefühl der Freiheit in Verbindung zu bringen. Im Laufe der Jahrhunderte hat dieser Reflex sich stärker in den psychischen Bereich verlagert: Das Gefühl, dass wir in einer Situation verschiedene Möglichkeiten haben, eine Zukunft mit guten Aussichten, vermittelt uns das Empfinden des offenen Raums. Unser Verstand gedeiht, weil wir die Möglichkeit zum Manövrieren und den strategischen Raum dafür haben.

Umgekehrt führt das Gefühl des psychischen Eingeschlossenseins bei uns zu tiefer Verstörung und löst oft eine Überreaktion aus. Wenn irgendjemand oder irgendetwas uns umzingelt – unsere Optionen einengt, uns auf allen Seiten belagert –, verlieren wir die Kontrolle über unsere Emotionen und begehen Fehler, die die Situation erst recht hoffnungslos machen.

Im täglichen Leben finden Ihre Gefechte nicht auf einer Landkarte statt, sondern in einer Art abstraktem Raum, der definiert wird durch die Fähigkeit der Leute, zu manövrieren, gegen Sie vorzugehen, Ihre Macht einzuschränken und die Zeit, in der Sie reagieren können, zu beschneiden. Wenn Sie Ihren Gegnern in diesem abstrakten oder psychischen Raum auch nur den geringsten Platz dafür lassen, werden sie ihn ausnutzen – so stark Sie auch sein und so brillant Ihre Strategien sein mögen; daher müssen Sie ihnen das Gefühl geben, eingeschlossen zu sein. Schränken Sie ihre Handlungsmöglichkeiten ein und versperren Sie ihre Fluchtwege. Es kommt nicht selten vor, dass die Bewohner einer belagerten Stadt langsam den Verstand verlieren – Ihre Gegner werden verrückt werden, weil es ihnen an Raum für Manöver gegen Sie fehlt.

Bei der Umzingelung Ihrer Feinde müssen Sie alles verwenden, was Sie im Überfluss haben. Falls Sie eine große Armee haben, sollten Sie sie benutzen, um den Anschein zu erwecken, dass Ihre Truppen überall sind, und den Feind so unter Druck setzen.

Sie wissen ja, dass die Kraft der Umzingelung letztlich im psychischen Bereich liegt. Wenn Sie bei der anderen Seite *das Gefühl* hervorrufen, auf vielen Seiten durch Angriffe verwundbar zu sein, ist das genauso effektiv wie eine physische Einkreisung.

Die gleiche Wirkung können Sie durch einige zeitlich gut platzierte Schläge erzielen, durch die Ihre Feinde das Gefühl bekommen, dass sie in vieler Hinsicht und aus vielen Richtungen verwundbar sind. Dabei ist weniger sogar häufig mehr: Zu viele Schläge werden Ihnen nämlich eine Gestalt verleihen, eine Persönlichkeit – etwas, worauf die andere Seite reagieren und für dessen Bekämpfung sie eine Strategie entwickeln kann. Gestaltlos zu sein ist wesentlich besser. Sorgen Sie dafür, dass es dem Feind unmöglich ist, Ihre Manöver vorherzusehen. Dann wird Ihre psychische Umzingelung umso bedrohlicher und vollständiger sein.

Die besten Einkreisungen sind die, die an den bereits existierenden, von Natur aus verwundbaren Stellen ansetzen. Daher sollten Sie auf Anzeichen von Arroganz, Voreiligkeit oder anderen psychischen Schwächen achten. Wenn Sie die Ängste der Paranoiker schüren, werden sie beginnen, sich Angriffe vorzustellen, an die Sie selbst gar nicht gedacht haben; ihre überhitzten Gehirne werden dann einen großen Teil der Einkesselung für Sie erledigen.

Ungestüme, gewalttätige und arrogante Menschen lassen sich besonders leicht in die Fallen von Umzingelungsstrategien locken; wenn Sie sich schwach oder dumm stellen, werden sie vorwärtsstürzen, ohne innezuhalten und darüber nachzudenken, wohin sie sich da eigentlich bewegen. Generell lassen sich jedoch alle emotionalen Schwächen sowie alle großen oder unerfüllten Wünsche des Gegners zum Bestandteil einer Einkreisung machen. Wenn Sie Ihre Feinde in eine Falle dieser Art locken wollen, sollten Sie immer versuchen, ihnen das Gefühl zu geben, dass sie die Kontrolle über die Situation haben. Dann werden sie so weit vorrücken, wie Sie wollen.

Noch ein letzter Punkt: Sie sollten nicht nur daran arbeiten, die Truppen Ihres Gegners oder seine unmittelbaren Emotionen zu umzingeln, sondern seine gesamte Strategie einbeziehen – sogar seinen ganzen konzeptuellen Rahmen. Bei dieser ultimativen Form der Einkesselung müssen Sie zuerst die starren, vorhersehbaren Teile seiner Strategie untersuchen und dann selbst eine neuartige Strategie entwerfen, die über die Grenzen seiner Erfahrungen hinausgeht. Diese Form der strategischen Ungleichheit kann Ihnen nicht nur bei jeder Schlacht zum Sieg verhelfen, sondern auch bei großen Feldzügen – und das ist ja das Endziel aller Arten von Krieg.

> Symbol:
> Die Schlinge. Wenn sie
> einmal angebracht wurde,
> gibt es kein Entrinnen, keine Hoff-
> nung. Bei dem bloßen Gedan-
> ken daran, in ihr gefangen
> zu sein, wird der Feind im-
> mer verzweifel- ter kämpfen, in
> wilden Bemühungen, zu entkom-
> men; dadurch wird er aber nur
> seinen Untergang be-
> schleunigen.

Garant: Sperrt man einen Affen in einen Käfig, ist er nicht anders als ein Schwein – nicht, weil er nicht gewitzt und geschickt wäre, sondern weil er keinen Raum dafür hat, seine Fähigkeiten ungehindert einzusetzen. (»Huainanzi«, 2. Jh. v. Chr.)

GESETZ

20

Die Strategie des Reifenlassens

Den Feind in Positionen der Schwäche manövrieren

Auch wenn Sie wirklich stark sind – endlose Schlachten zu führen ist anstrengend, teuer und einfallslos. Kluge Strategen ziehen im Allgemeinen die Kunst des Manövers vor: Bevor die Schlacht überhaupt beginnt, finden sie Möglichkeiten, ihre Gegner in so schwache Positionen zu bringen, dass der Sieg dann leicht und schnell ist. Sie müssen den Feind dazu verleiten, Positionen einzunehmen, die zwar verführerisch aussehen, in Wirklichkeit aber Fallen und Sackgassen sind. Wenn seine Position stark ist, sollten Sie ihn auf eine sinnlose Hetzjagd führen und so dazu bringen, seine Position aufzugeben. Erschaffen Sie Zwangslagen: Ersinnen Sie Manöver, die ihm verschiedene Reaktionsmöglichkeiten lassen – die alle schlecht sind. Lenken Sie Chaos und Unordnung in seine Richtung. Frustrierte, verwirrte und wütende Gegner sind wie die reife Frucht am Ast: Schon die leichteste Brise führt dazu, dass sie fallen.

Manöverkriege

Die gesamte Geschichte hindurch lassen sich zwei Stile der Kriegführung ausmachen. Der ältere ist der Zermürbungs- oder Abnutzungskrieg: Der Feind ergibt sich, weil so viele seiner Männer gefallen sind. Ein General, der in so einem Krieg kämpft, wird Möglichkeiten berechnen, die andere Seite durch seine größere Zahl zu überwältigen, entweder durch diejenige Schlachtformation, die den meisten Schaden verursachen wird, oder durch überlegene Militärtechnologie. Der Sieg hängt jedenfalls davon ab, dass man den Feind bei der Schlacht zermürbt. Trotz der hervorragenden Militärtechnologie von heute sind Zermürbungskriege bemerkenswert unkultiviert und setzen auf die gewalttätigsten Instinkte der Menschheit.

Im Laufe vieler Jahrhunderte entwickelte sich insbesondere im alten China eine weitere Methode der Kriegführung. Hier lag der Schwerpunkt nicht darauf, die andere Seite in der Schlacht zu vernichten, sondern man schwächte sie und brachte sie aus dem Gleichgewicht, bevor die Schlacht begann. Der Feldherr führte Manöver durch, die den Feind verwirren und wütend machen und in eine schlechte Position bringen sollten – sodass er bergauf, mit der Sonne oder dem Wind im Gesicht oder auf engem Raum kämpfen musste. Bei dieser Form des Krieges konnte eine bewegliche Armee effektiver sein als eine mit vielen Muskeln.

Die Philosophie des Manöverkriegs wurde von dem erfolgreichen General und Militärstrategen Sunzi in *Die Kunst des Krieges* kodifiziert, das er in der Periode

Die Kriegführung ist wie die Jagd. Wilde Tiere fängt man eher, indem man sie ausspäht, ihnen auflauert, sich anschleicht, sie umkreist und durch andere Listen und Kniffe dieser Art als durch schiere Gewalt. Wenn wir Kriege führen, sollten wir auf die gleiche Weise vorgehen, ob der Feind nun zahlreich ist oder nicht. Der Versuch, den Feind einfach auf offenem Gelände zu überwältigen, von Hand zu Hand und von Angesicht zu Angesicht, ist ein sehr gefährliches Unterfangen, das ernsten Schaden verursachen kann, selbst wenn man zu gewinnen scheint. Von echten Notfällen abgesehen ist es lächerlich, einen Sieg erringen zu wollen, der so teuer ist und nur leeren Ruhm bringt.

MAURIKIOS
(539–602)

> *Die Begabung für Manöver ist bei Generälen die allerhöchste Fähigkeit; sie ist die nützlichste und seltenste der Gaben, nach denen das Genie beurteilt wird.*
>
> Napoleon Bonaparte (1769–1821)

der Streitenden Reiche in China schrieb, im fünften bis dritten Jahrhundert vor Christus. Damals gab es über 200 Jahre lang einen eskalierenden Kreislauf von Kriegen, bei denen das Überleben der Reiche von ihrer Armee und ihren Strategen abhing. Für Sunzi und seine Zeitgenossen (zu denen auch Konfuzius gehörte) war es offensichtlich, dass die Kosten der Kriege weit über die Zahl der Gefallenen hinausgingen, dass sie auch den Verlust von Ressourcen und politischem Goodwill und ein Sinken der Moral bei den Soldaten und Zivilisten umfassten. Diese Kosten würden im Laufe der Zeit so weit steigen, dass selbst das kriegerischste Reich sich der Erschöpfung nicht mehr erwehren können würde. Durch geschicktes Manövrieren konnte ein Staat sich jedoch derart hohe Kosten ersparen und dennoch als Sieger hervorgehen. Ein Feind, der in eine schwache Position manövriert worden war, würde dem psychischen Druck schlechter standhalten können; er würde noch vor Beginn der Schlacht unmerklich beginnen, zusammenzubrechen, und sich schneller ergeben.

Mehrere Strategen außerhalb von Asien – insbesondere Napoleon – benutzten den Manöverkrieg auf brillante Weise. An sich ist der Zermürbungskrieg jedoch tief in der westlichen Denkweise verankert – von den alten Griechen bis zu den heutigen USA. In einer Zermürbungskultur kreisen die Gedanken natürlich darum, wie man mit Problemen, Hindernissen und denjenigen, die Widerstand leisten, fertigwerden kann. Die Medien legen den Schwerpunkt auf die großen Schlachten, ob nun in der Politik oder in der Kunst – also auf statische Situationen, in denen es Gewinner und Verlierer gibt. Die Leute fühlen sich immer von der emotionalen und dramatischen Qualität der Konfrontation angesprochen, nicht von den zahlreichen Schritten, die zu einer derartigen Konfrontation führen. Die Geschichten, die in solchen Kulturen erzählt werden, kreisen alle um schlachtähnliche Augenblicke; die moralische Botschaft wird durch den Schluss übermittelt (nicht durch die aufschlussreicheren Details). Zudem gilt diese Form des Kämpfens als männlicher, ehrenhafter, ehrlicher.

Der Manöverkrieg beruht vor allem auf einer anderen Denkweise. Hier kommt es auf den Prozess an – auf die Schritte bis zur Schlacht und darauf, wie man sie so gestalten kann, dass die Auseinandersetzung nicht so teuer und blutig wird. Im Universum der Manöver ist nichts statisch. Die Schlachten sind dramatische Illusionen, kurze Augenblicke im größeren Strom der Ereignisse, der beweglich und dynamisch ist und sich durch eine sorgfältige Strategie ändern lässt. Diese Denkweise findet weder Ehre noch Moralität darin, Zeit, Energie und Leben bei Schlachten zu verschwenden. Zermürbungskriege werden vielmehr als Zeichen von Faulheit betrachtet, als Reflexion der primitiven menschlichen Neigung, reaktiv zu kämpfen, ohne nachzudenken.

In einer Gesellschaft, in der es sehr viele Anhänger des Zermürbungskriegs gibt, können Sie sich einen sofortigen Vorteil verschaffen, indem Sie zum Manöverkrieg wechseln. Dann wird Ihr Denkprozess beweglicher werden; Sie werden mehr auf der Seite des Lebens stehen und die starren, von der Schlacht besessenen Neigungen der Menschen um Sie herum ausnutzen können. Wenn Sie immer zuerst über die

> *Die Formation der Truppen gleicht dem Wasser: Die Formation des Wassers meidet die Höhe und strebt in die Tiefe ... Das Wasser nimmt seinen Lauf ganz nach der Beschaffenheit des Geländes, die Armee erringt ihre Siege ganz in der Einstellung auf den Gegner. Daher verfügt eine Truppe über keine beständige Schlagkraft und das Wasser über keine feststehenden Formationen. Wer in der Lage ist, den Sieg zu erringen, indem er sich im ständigen Wandel auf den Feind einstellt, den kann man wohl als begnadet bezeichnen.*
>
> Sunzi (5./6. Jh. v. Chr.), »Die Kunst des Krieges«

Gesamtsituation nachdenken und darüber, wie Sie Ihre Gegner in Positionen der Schwäche manövrieren können, statt sie zu bekämpfen, wird bei Ihren Schlachten weniger Blut fließen; falls Sie eine erfolgreiche und dauerhafte Karriere anstreben, ist das klug, denn das Leben ist lang und die Konflikte sind endlos. Und ein Manöverkrieg ist genauso endgültig wie ein Zermürbungskrieg. Betrachten Sie die Schwächung Ihrer Feinde doch als einen Prozess, bei dem Sie sie reifen lassen, wie Getreide, sodass Sie sie im richtigen Augenblick abmähen können.

Beim Manöverkrieg gibt es vier Grundprinzipien:

Entwerfen Sie einen Plan mit Zweigen. Manöverkriege hängen von der richtigen Planung ab. Wenn Ihr Plan zu starr ist, lassen Sie sich keinen Raum dafür, auf das Chaos und die Friktion, die unvermeidlich entstehen werden, zu reagieren; ist er hingegen zu locker, werden unvorhersehbare Ereignisse Sie verwirren und überwältigen. Der perfekte Plan beruht auf einer detaillierten Analyse der Situation, die es Ihnen ermöglicht, über die beste Richtung oder die perfekte Position zu entscheiden, und mehrere effektive Optionen (Zweige) umfasst, je nachdem, womit der Feind Ihnen kommt. Durch so einen Plan können Sie den Feind ausmanövrieren, da Ihre Reaktionen auf die sich ändernden Umstände schneller und rationaler sind.

Lassen Sie sich Raum zum Manövrieren. Wenn Sie sich in enge Räume stellen oder sich an Positionen fesseln, die Ihnen keinen Raum für Bewegungen lassen, können Sie nicht beweglich sein, nicht ungehindert manövrieren. Die Fähigkeit, sich zu bewegen und sich mehr Optionen offenzuhalten als der Feind, ist wichtiger, als Territorium oder Besitz zu behaupten. Sie brauchen offenen Raum, keine toten Positionen. Das bedeutet, dass Sie sich keine Aufgaben aufladen dürfen, die Ihre Optionen einschränken. Und dass Sie keine Stellungen einnehmen dürfen, die Ihnen keine Wege offenlassen. Das Bedürfnis nach Raum ist psychischer und körperlicher Natur zugleich: Um etwas erschaffen zu können, was von Wert ist, brauchen Sie einen Geist, der von allen Fesseln frei ist.

Bescheren Sie dem Feind Zwangslagen, keine Probleme. Die meisten Ihrer Gegner werden klug und einfallsreich sein; falls Ihre Manöver sie einfach nur vor Probleme stellen, werden sie sie mit Sicherheit lösen. Eine Zwangslage, ein Dilemma, ist jedoch etwas anderes: Was Ihre Feinde auch tun, wie sie auch reagieren – ob sie sich zurückziehen, vorrücken oder sich nicht rühren –, sie sind trotzdem weiter in Schwierigkeiten. Sorgen Sie dafür, dass ihre Optionen alle schlecht sind. Wenn Sie beispielsweise schnell zu einem bestimmten Punkt vorrücken, können Sie den Feind dazu zwingen, sich entweder zurückzuziehen oder zu kämpfen, bevor er so weit ist. So gerät er ständig in Positionen, die zwar verlockend aussehen, aber Fallen sind.

Erzeugen Sie die maximale Unordnung. Der Feind ist davon abhängig, dass er Sie »lesen« kann, dass er Ihre Absichten zumindest zum Teil erahnen kann. Das Ziel Ihrer Manöver sollte darin bestehen, das unmöglich zu machen, den Feind auf eine wilde Jagd nach irrelevanten Informationen zu schicken, Mehrdeutigkeit im Hinblick darauf zu erzeugen, wohin Sie springen wollen. Je weitgehender Sie dem Feind die Fähigkeit nehmen, Sie zu durchschauen, desto mehr Unordnung bringen Sie in sein System. Die Unordnung, die Sie hervorrufen, ist kontrolliert und zweckmäßig – aus Ihrer Sicht. Die Unordnung, unter der der Feind leidet, wird ihn schwächen und zerstören.

Symbol:
Die Sichel.
Das einfachste
aller Geräte.
Das hohe Gras
oder Felder mit
noch unreifem
Weizen zu schnei-
den ist eine an-
strengende Arbeit.
Wenn man aber war-
tet, bis die Halme gold-
braun, hart und trocken
sind, wird in dieser kurzen
Zeit selbst die stumpfeste
Sichel den Weizen
mit Leich-
tigkeit
mähen.

Garant: Schlachten werden durch Gemetzel und Manöver gewonnen. Je größer der General, desto mehr trägt er durch Manöver bei und desto weniger Blutvergießen verlangt er. Nahezu alle Schlachten, die als Meisterstücke der Militärkunst gelten, waren Manöverschlachten, bei denen der Feind sehr oft feststellen musste, dass er durch ein neuartiges Mittel oder Gerät, einen schnellen, verblüffenden, unerwarteten Vorstoß oder Kunstgriff geschlagen worden war. In solchen Schlachten waren die Verluste der Sieger stets gering. (Winston Churchill, 1874–1965, »The Second World War«)

GESETZ

21

Die Strategie des diplomatischen Krieges

Gleichzeitig vorrücken und verhandeln

Die Leute werden immer versuchen, das, was sie über eine Schlacht oder eine direkte Konfrontation nicht von Ihnen bekommen können, durch Verhandlungen zu erlangen. Um zu verbergen, dass sie ihre Position nach vorn verlegen wollen, werden sie sogar an Ihre Fairness und Moral appellieren. Lassen Sie sich da nicht täuschen: Bei Verhandlungen geht es darum, Macht oder eine bessere Position zu erringen; Sie müssen sich stets eine so starke Position verschaffen, dass die andere Seite Ihnen bei Ihren Gesprächen nicht mal hier, mal da etwas abnehmen kann. Vor Verhandlungen und auch parallel dazu müssen Sie weiter vorrücken, nie nachlassenden Druck erzeugen und die andere Seite dazu zwingen, sich auf Ihre Bedingungen einzulassen. Je mehr Sie ihr nehmen, desto mehr können Sie ihr in Form von bedeutungslosen Zugeständnissen zurückgeben. Bauen Sie sich den Ruf auf, hart und unnachgiebig zu sein, sodass Sie die Leute schon einschüchtern, bevor sie Ihnen begegnen.

Schlüssel zur Kriegführung

Konflikte und Auseinandersetzungen sind generell unerfreulich und wühlen unangenehme Gefühle auf. Aus dem Wunsch heraus, dem zu entgehen, werden die Leute sich oft bemühen, zu den Menschen in ihrer Umgebung nett und versöhnlich zu sein; sie glauben nämlich, dass das eine entsprechende Reaktion hervorrufen wird. Die Erfahrung zeigt jedoch sehr häufig, dass das nicht stimmt: Die Leute, die Sie freundlich behandeln, werden im Laufe der Zeit gar nicht mehr wissen, was sie an Ihnen haben – und Sie als Schwächling betrachten, den sie ausnutzen können. Großzügigkeit ruft keine Dankbarkeit hervor, sondern erzeugt entweder ein verzogenes Kind oder einen Menschen, der Verhalten ablehnt, das in seinen Augen mildtätig ist.

Wer trotz der gegenteiligen Beweise glaubt, dass Freundlichkeit Freundlichkeit hervorruft, ist bei allen Verhandlungen – vom Leben ganz zu schweigen – zum Scheitern verurteilt. Die Leute reagieren nur dann freundlich und versöhnlich, wenn das in ihrem eigenen Interesse liegt und sie es müssen. Ihr Ziel muss darin bestehen, sie dazu zu zwingen, indem Sie es schmerzhaft für sie machen, zu kämpfen. Wenn Sie aus dem Wunsch heraus, versöhnlich zu sein und ihr Vertrauen zu gewinnen, Ihren Druck mindern, geben Sie ihnen nur die Chance, die Sache in die Länge zu ziehen, Sie zu täuschen und Ihre Freundlichkeit auszunutzen. Das liegt in der menschlichen Natur. Im Laufe der Jahrhunderte haben diejenigen, die Kriege ausfochten, diese Lektion auf die harte Weise gelernt.

Wenn Sie weiter vorrücken, wenn Sie Ihren scho-

Ein kluger Machthaber kann und darf daher sein Wort nicht halten, wenn ihm dies zum Schaden gereichen würde ... Wären die Menschen alle gut, so wäre dieser Vorschlag nicht gut; da sie aber schlecht sind und das gegebene Wort auch nicht halten würden, hast auch du keinen Anlaß, es ihnen gegenüber zu halten. Auch hat es einem Herrscher noch nie an rechtmäßigen Gründen gefehlt, seinen Wortbruch zu bemänteln.

NICCOLÒ MACHIAVELLI (1469–1527), »DER FÜRST«

nungslosen Druck aufrechterhalten, zwingen Sie den Feind dazu, zu reagieren und letztlich zu verhandeln. Wenn Sie jeden Tag ein kleines Stück vorrücken, schwächt der Feind seine Position, falls er versucht, die Verhandlungen hinauszuzögern. Sie zeigen Ihre Entschlossenheit dann nicht durch symbolische Gesten – Sie fügen dem Feind echten Schmerz zu. Sie rücken nicht weiter vor, um Land zu erobern oder sich Besitztümer anzueignen, sondern um sich in eine möglichst starke Position zu bringen und den Krieg zu gewinnen. Sobald Sie den Feind dazu gezwungen haben, Ihre Bedingungen zu akzeptieren, haben Sie Raum für Zugeständnisse und können ihm einen Teil von dem, was Sie ihm genommen haben, zurückgeben. Bei diesem Prozess könnten Sie sogar freundlich und versöhnlich scheinen.

Im Leben werden Sie manchmal feststellen müssen, dass Sie schlechte Karten haben, die Ihnen keinerlei Vorteil verschaffen. In solchen Zeiten ist es noch wichtiger, weiter vorzurücken. Wenn Sie Stärke und Entschlossenheit demonstrieren und Ihren Druck aufrechterhalten, verdecken Sie Ihre Schwächen und erringen Positionen, durch die Sie sich Vorteile verschaffen können.

Eins müssen Sie unbedingt wissen: Wenn Sie schwach sind und nur wenig verlangen, werden Sie auch nur wenig bekommen. Wenn Sie aber so handeln, als wären Sie stark, massive und vielleicht sogar ungeheuerliche Forderungen stellen, werden Sie den gegenteiligen Eindruck erwecken: Die anderen werden sich sagen, dass Ihr Selbstvertrauen ja eine reale Grundlage haben müsse. Sie werden sich Respekt erwerben, was Ihnen wiederum Vorteile verschaffen wird. Ist es Ihnen einmal gelungen, sich in einer stärkeren Position festzusetzen, können Sie das noch weiter treiben, Sie können sich weigern, Kompromisse einzugehen, und klarmachen, dass Sie bereit sind, aufzustehen und den Verhandlungstisch zu verlassen – eine effektive Form der Erpressung. Die andere Seite wird Sie da vielleicht auf die Probe stellen, doch Sie werden darauf achten, dass sie dafür teuer bezahlen muss – beispielsweise durch schlechte Publicity. Und falls Sie sich letztlich doch zu einem kleinen Kompromiss bereitfinden, wird es dabei immerhin um viel weniger gehen als bei den Kompromissen, die man Ihnen gern aufgezwungen hätte.

Der große britische Diplomat und Autor Harold Nicolson war der Ansicht, dass es bei Verhandlungen zwei Menschentypen gibt: Krieger und Krämer. Die Krieger benutzten Verhandlungen, um Zeit zu gewinnen und sich eine stärkere Position zu verschaffen. Die Krämer hingegen operierten auf Grundlage des Prinzips, dass es wichtiger sei, Vertrauen zu schaffen, die jeweiligen Forderungen zu mäßigen und zu einer für beide Seiten zufriedenstellenden Einigung zu kommen. In der Diplomatie wie im Geschäftsleben entsteht ein Problem, wenn Krämer davon ausgehen, dass sie es mit einem anderen Krämer zu tun haben, dann aber erkennen müssen, dass sie einem Krieger gegenüberstehen.

Es wäre natürlich nützlich, schon vorher zu wissen, mit welchem Typ man es zu tun hat. Das Problem ist, dass geschickte Krieger sich zu Meistern der Tarnung entwickeln werden: Sie werden zunächst aufrichtig und freundlich wirken und ihre wahre Natur erst dann zeigen, wenn es für Sie zu spät ist. Bei einem

Konflikt mit einem Feind, den Sie nicht gut kennen, können Sie sich stets am besten schützen, indem Sie selbst den Krieger spielen und während der Verhandlungen vorrücken. Sollten Sie dabei zu weit gehen, wird immer noch genug Zeit dafür sein, damit aufzuhören und die Dinge in Ordnung zu bringen. Wenn Sie aber zur Beute eines Kriegers werden, werden Sie nicht in der Lage sein, irgendetwas zurückzuerlangen. In einer Welt, in der es immer mehr Krieger gibt, müssen auch Sie bereit sein, das Schwert zu führen – selbst wenn Sie im Herzen ein Krämer sind.

Symbol: Der große Knüppel. Auch wenn Sie sanft und freundlich sprechen, wird der Gegner sehen, dass Sie etwas Furchterregendes in der Hand halten. Er braucht gar nicht den tatsächlichen Schmerz des Schlags auf seinen Kopf zu verspüren; er weiß, dass der Knüppel da ist, dass er nicht verschwinden wird, dass Sie ihn schon früher benutzt haben und dass er Schmerzen zufügt. Da ist es besser, die Auseinandersetzung zu beenden und um jeden Preis eine Einigung auszuhandeln, als zu riskieren, einen derben Schlag abzubekommen.

Garant: Als Sieger sollten wir uns erst am Tag *nach* der Schlacht betrachten, als Besiegte erst vier Tage später. ... Wir sollten stets in der einen Hand das Schwert und in der anderen den Ölzweig tragen, wir sollten immer bereit sein, zu verhandeln, aber nur verhandeln, während wir vorrücken. (Klemens von Metternich, 1773–1859)

GESETZ

22

Die Strategie der Beendigung

Wissen, wie man der Sache ein Ende setzen kann

In dieser Welt werden Sie danach beurteilt, wie gut Sie die Dinge zu einem Ende bringen. Ein chaotischer oder unvollständiger Abschluss kann jahrelang nachhallen und Ihren Ruf ruinieren. Die Dinge gut zu beenden bedeutet, dass man weiß, wann man aufhören muss, dass man nie so weit geht, dass man seine Kräfte überstrapaziert oder beim Feind Verbitterung hervorruft – das würde in der Zukunft nämlich zu einem weiteren Konflikt führen. Es bedeutet auch, mit dem richtigen Ton aufzuhören, mit Energie und Eleganz. Es geht nicht nur darum, den Krieg zu gewinnen, sondern es kommt auch darauf an, wie man ihn gewinnt, wie Ihr Sieg Sie in der nächsten Runde dastehen lässt. Der Gipfel der strategischen Weisheit ist, alle Konflikte und Verstrickungen zu vermeiden, bei denen es keine realistischen Ausgänge gibt.

Schlüssel zur Kriegführung

Wenn man über das Ziel hinausschießt, so kann man es nicht treffen. Wenn der Vogel nicht in sein Nest will, sondern immer höher hinaus, so fällt er schließlich dem Jäger ins Netz. Wer in Zeiten des Außerordentlichen im Kleinen nicht haltzumachen weiß, sondern unruhig immer weiter will, der zieht sich Unheil durch Götter und Menschen zu, weil er sich von der Naturordnung entfernt.

»I-GING«
(CA. 8. JH. V. CHR.)

Es gibt drei Arten von Menschen. Erstens die Träumer und Sprecher, die ihre Projekte mit einem Ausbruch von Begeisterung beginnen. Diese Begeisterung legt sich jedoch bald, wenn sie auf die reale Welt stoßen und auf die harte Arbeit, ohne die man kein Projekt zu einem Ende bringen kann. Sie sind emotionale Wesen, die überwiegend im Augenblick leben; wenn etwas Neues ihre Aufmerksamkeit erregt, verlieren sie leicht das Interesse. Ihr Leben ist mit Projekten übersät, die sie nur halb beendet haben und die zum Teil sogar kaum über das Stadium eines Luftschlosses hinausgekommen sind.

Zweitens gibt es Menschen, die alles, was sie machen, zu einem Abschluss bringen – entweder weil sie das müssen oder weil sie diese Anstrengung bewältigen können. Wenn sie die Ziellinie überqueren, haben ihre anfängliche Begeisterung und Energie jedoch stark abgenommen. Das trübt das Ende. Weil sie ungeduldig sind und schnell zum Abschluss kommen wollen, wirkt er, als sei er in Eile zusammengeschustert worden. Er hinterlässt dann bei anderen Leuten das Gefühl einer gewissen Unzufriedenheit; er ist nicht denkwürdig, hält nicht an, hallt nicht nach.

Beide Typen beginnen Projekte mit einer festen Vorstellung davon, wie sie sie zu Ende bringen wollen. Wenn das Projekt voranschreitet und sich, was sich ja gar nicht vermeiden lässt, anders entwickelt, als sie sich vorgestellt hatten, beschleicht sie Unsicherheit im Hinblick darauf, wie sie aus ihm herauskommen können, und sie geben auf oder führen das Ende überstürzt herbei.

Die dritte Gruppe besteht aus den Menschen, die eines der Hauptgesetze der Macht und der Strategie begriffen haben: Das Ende von irgendetwas – einem Projekt, einem Feldzug, einem Gespräch – ist den Leuten unverhältnismäßig wichtig. Es hallt im Kopf nach. Ein Krieg, der mit großem Tamtam beginnt und viele Siege bringt, wird den Leuten, wenn er schlecht endet, nur dadurch in Erinnerung bleiben. Die Menschen, die zu diesem Typ gehören, wissen, wie wichtig das Ende bei allem ist und wie stark es emotional nachhallt; sie verstehen, dass es nicht einfach darauf ankommt, das zu beenden, was sie angefangen haben, sondern dass sie es *gut* beenden müssen – mit Energie, klarem Kopf und einem Auge auf den Nachglanz, darauf, wie die Sache im Kopf der Leute nachhallt. Sie beginnen stets mit einem klaren Plan. Wenn es zu Rückschlägen kommt – was sich ja gar nicht vermeiden lässt –, gelingt es ihnen, geduldig zu bleiben und rational zu denken. Sie planen nicht nur bis zum Ende, sondern darüber hinaus, für die Nachwirkungen. Sie erschaffen Dinge, die überdauern – einen bedeutsamen Frieden, ein denkwürdiges Kunstwerk, eine lange, fruchtbare Karriere.

Brillante Pläne und ein Sieg nach dem anderen reichen nicht aus. Sie können ein Opfer Ihres eigenen Erfolgs werden, sich durch einen Sieg dazu verleiten lassen, zu weit zu gehen, sodass Sie sich verbissene Feinde machen, und zwar die Schlacht gewinnen, aber das politische Nachspiel verlieren. Was Sie brauchen, ist ein strategisches drittes Auge: die Fähigkeit, auf die Zukunft ausgerichtet zu bleiben, während Sie in der Gegenwart operieren, und Ihre Aktionen auf eine Weise zu beenden, die Ihren Interessen bei der nächs-

Wenn man sich ausschließlich auf den Sieg konzentriert, ohne an die Nachwirkungen zu denken, könnte man zu erschöpft sein, um von dem Frieden zu profitieren: Der Friede wird zudem ein schlechter sein und schon die Saat eines weiteren Krieges enthalten. Das wird durch eine Vielzahl von Erfahrungen gestützt.

B. H. LIDDELL HART (1895–1970), »STRATEGY«

> *Das Ende zu finden wissen. – Die Meister des ersten Ranges geben sich dadurch zu erkennen, dass sie im Grossen wie im Kleinen auf eine vollkommene Weise das Ende zu finden wissen, sei es das Ende einer Melodie oder eines Gedankens, sei es der fünfte Act einer Tragödie oder eine Staats-Action. Die ersten der zweiten Stufe werden immer gegen das Ende hin unruhig und fallen nicht in so stolzem ruhigem Gleichmasse in's Meer ab, wie zum Beispiel das Gebirge bei Porto fino – dort, wo die Bucht von Genua ihre Melodie zu Ende singt.*
>
> FRIEDRICH NIETZSCHE (1844–1900), »DIE FRÖHLICHE WISSENSCHAFT«

ten Kriegsrunde förderlich sein wird. Dieses dritte Auge wird Ihnen helfen, den Emotionen – insbesondere Wut und Rachegelüsten – entgegenzuwirken, die Ihre klugen Strategien heimtückisch infizieren können.

Der entscheidende Punkt beim Krieg ist, zu wissen, wann Sie aufhören müssen, wann Sie sich mit dem Feind einigen müssen. Wenn Sie zu früh aufhören, werden Sie alles verlieren, was Sie durch Ihr Vorrücken gewonnen haben; Sie warten dann nicht lange genug darauf, dass der Konflikt Ihnen zeigt, wohin er sich entwickelt. Wenn Sie hingegen zu spät aufhören, opfern Sie Ihre Gewinne, indem Sie sich überanstrengen, sich mehr auf den Teller packen, als Sie bewältigen können, und beim Feind Wut und Rachegelüste wecken.

Stellen Sie sich bitte mal vor, dass es bei allem, was Sie machen, einen Augenblick der Vollkommenheit und Erfüllung gibt. Ihr Ziel besteht darin, Ihr Projekt genau dort zu beenden, auf diesem Höhepunkt. Wenn Sie der Erschöpfung, der Langeweile oder der Ungeduld im Hinblick auf das Ende erliegen, werden Sie diesen Höhepunkt nicht erreichen. Gier und Größenwahn hingegen werden dazu führen, dass Sie zu weit gehen. Um den Augenblick der Vollkommenheit erkennen und nutzen zu können, müssen Sie eine möglichst klare Vorstellung von Ihren Zielen haben, von dem, was Sie wirklich wollen. Außerdem müssen Sie genau über Ihre Mittel Bescheid wissen – wie weit können Sie praktisch betrachtet gehen? Durch diese Art von Bewusstsein werden Sie ein intuitives Gefühl für den Höhepunkt bekommen.

Sieg und Niederlage sind das, was Sie daraus machen; entscheidend ist, wie Sie mit ihnen umgehen.

Da Niederlagen sich im Leben nicht vermeiden lassen, müssen Sie die Kunst beherrschen, gut und strategisch zu verlieren. Erstens sollten Sie über Ihre geistige Einstellung nachdenken, darüber, wie Sie Niederlagen psychisch aufnehmen. Sie sollten sie als vorübergehende Rückschläge ansehen, als etwas, was Sie wach macht und Sie etwas lehrt; selbst wenn Sie verlieren, sollten Sie am Ende ein Ausrufezeichen setzen: Sie sind geistig darauf vorbereitet, in der nächsten Runde in die Offensive zu gehen. Es passiert sehr oft, dass Menschen, die Erfolg haben, weich und unklug werden; Sie müssen Niederlagen begrüßen, als einen Weg, selbst stärker zu werden.

Zweitens müssen Sie Niederlagen als Chancen dafür betrachten, anderen etwas Positives über Sie selbst und Ihren Charakter zu demonstrieren. Das bedeutet, dass Sie aufrecht und ungebeugt dastehen, keine Anzeichen von Bitterkeit zeigen und nicht defensiv werden sollten.

Drittens: Wenn Sie erkennen, dass eine Niederlage sich nicht mehr vermeiden lässt, ist es häufig am besten, mit fliegenden Fahnen unterzugehen. So hinterlassen Sie einen guten Eindruck, obwohl Sie verlieren. Das wird Ihnen helfen, Ihre Truppen wieder zu sammeln und ihnen Hoffnung für die Zukunft zu geben. Bei einer Niederlage in der Gegenwart die Saat für zukünftige Siege auszubringen ist der Gipfel strategischer Brillanz.

Als Viertes und Letztes: Da jedes Ende gleichzeitig der Beginn der nächsten Phase ist, ist es oft eine kluge Strategie, das Ende ambivalent zu gestalten. Falls Sie sich nach einem Kampf mit dem Feind versöhnen, sollten Sie unterschwellig andeuten, dass bei Ihnen gewisse Zweifel bleiben – dass die andere Seite sich Ihnen gegenüber noch beweisen muss. Wenn ein Feldzug oder ein Projekt sein Ende erreicht hat, sollten Sie in den Leuten das Gefühl hinterlassen, dass sie nicht vorhersehen können, was Sie als Nächstes tun werden – sorgen Sie dafür, dass sie unter Anspannung stehen, spielen Sie mit ihrer Aufmerksamkeit. Indem Sie mit geheimnisvollen, ambivalenten Bemerkungen enden – einem gemischten Signal, einer versteckten Andeutung, einem Hauch von Zweifel –, gewinnen Sie auf höchst subtile und hinterhältige Weise für die nächste Runde die Oberhand.

Symbol: Die Sonne. Wenn sie ihren Lauf beendet und hinter dem Horizont verschwindet, hinterlässt sie ein strahlendes, beeindruckendes Nachglühen. Ihre Rückkehr wird immer herbeigesehnt.

Garant: Eroberungen bedeuten gar nichts – man muss von seinen Erfolgen profitieren. (Napoleon Bonaparte, 1769–1821)

Fünfter Teil

Unkonventionelle (schmutzige) Kriegführung

Ein General, der einen Krieg führt, muss ständig nach einem Vorteil gegenüber dem Gegner suchen. Der größte Vorteil ergibt sich aus dem Überraschungselement, daraus, dass man neuartige Strategien anwendet, die den Erfahrungshorizont des Feindes übersteigen und völlig unkonventionell sind. Es liegt jedoch in der Natur des Krieges, dass im Laufe der Zeit jede Strategie mit all ihren möglichen Anwendungen geprüft und erprobt wird, sodass die Suche nach dem Neuen, Unkonventionellen immer extremer werden muss. Zudem haben sich die moralischen und ethischen Kodexe, die die Kriegführung jahrhundertelang beherrschten, allmählich gelockert. Diese beiden Effekte münden in das, was wir heutzutage »schmutzigen Krieg« nennen; dort ist alles erlaubt, bis hin zur Tötung Tausender vorher nicht gewarnter Zivilisten. Schmutziger Krieg ist politisch, betrügerisch und höchst manipulativ. Er ist häufig der letzte Ausweg der Schwachen und Verzweifelten, die dabei alle verfügbaren Mittel benutzen, um mit dem Feind mithalten zu können.

Das Unkonventionelle hat seine eigene Logik, die Sie verstehen müssen. Erstens: Nichts bleibt lange neu. Wer von der Neuheit abhängig ist, braucht ständig frische Ideen, die den üblichen Methoden seiner Zeit zuwiderlaufen. Zweitens: Leute, die unkonventionelle Methoden benutzen, sind sehr schwer zu bekämpfen. Der klassische, direkte Weg – Einsatz von Kraft und Stärke – funktioniert dann nämlich nicht. Um indirekte Methoden bekämpfen zu können, müssen auch Sie indirekte Methoden benutzen, Sie müssen Feuer mit Feuer bekämpfen, selbst auf die Gefahr hin, dass Sie dann ebenfalls zu schmutzigen Methoden greifen. Wer sich aus einem moralischen Empfinden heraus bemüht, sauber zu bleiben, riskiert eine Niederlage.

In diesem Teil werden Sie die verschiedenen Formen unkonventioneller Strategien kennenlernen, sodass Sie besser verstehen, was für eine diabolische Psychologie in den einzelnen Strategien steckt. Nur so werden Sie sich mit einer angemessenen Verteidigung wappnen können.

GESETZ

23

Strategien der falschen Wahrnehmung

Fakten und Fiktion zu einem nahtlosen Gemisch verweben

Da kein Geschöpf ohne die Fähigkeit überleben kann, zu sehen oder zu spüren, was um es herum vorgeht, müssen Sie es Ihren Feinden schwer machen, zu erfahren, was um sie herum vorgeht, einschließlich von dem, was Sie gerade tun. Wenn Sie ihre Fokussierung stören, schwächen Sie ihr strategisches Vermögen. Die Wahrnehmung der Leute wird durch ihre Emotionen gefiltert; sie neigen dazu, die Welt so zu interpretieren, wie sie sie sehen wollen. Wenn Sie sie in ihren Erwartungen bestärken und eine Realität erschaffen, die ihren Wünschen entspricht, werden sie darauf hereinfallen. Die besten Täuschungen beruhen auf Mehrdeutigkeit, auf der Mischung von Fakten und Fiktion, sodass man das eine nicht mehr vom anderen unterscheiden kann. Wer die Realitätswahrnehmung der Leute unter Kontrolle hat, hat auch sie selbst unter Kontrolle.

Schlüssel zur Kriegführung

In der frühen Geschichte der Kriegführung standen die militärischen Führer vor einem Dilemma: Der Erfolg jedes kriegerischen Unterfangens hing von ihrer Fähigkeit ab, möglichst viel über die andere Seite zu wissen – über ihre Absichten, Stärken und Schwächen. Der Feind gab diese Informationen aber natürlich nie freiwillig preis.

Die einzige Lösung bestand darin, den Feind ständig genau zu beobachten, um äußere Anzeichen dafür erkennen zu können, was bei ihm vor sich ging. Die Strategen zählten beispielsweise, wie viele Kochfeuer im Lager des Feindes brannten, und verfolgten, wie ihre Zahl sich über die Zeit veränderte; daraus konnten sie ablesen, wie groß die Armee war und ob sie größer wurde, weil Reserven eintrafen, oder kleiner, weil sie geteilt wurde, oder vielleicht auch, weil Soldaten desertierten.

Der Feldherr wusste auch, dass die andere Seite ihn natürlich ebenfalls genau beobachtete. Bei der Abwägung dieses Hin und Her beim Lesen des Anscheins hatten kluge Strategen in Kulturen auf der ganzen Welt die gleiche Erleuchtung: Man konnte die Zeichen, nach denen der Feind Ausschau hielt, doch verzerren, man konnte bewusst einen falschen Anschein erwecken, um ihn zu täuschen! Wenn der Feind unsere Kochfeuer zählt, so wie wir seine, könnten wir doch mehr oder weniger Feuer anzünden, um einen falschen Eindruck von unserer Stärke zu vermitteln. Ein Feind, der glaubt, unsere Größe und unsere Absichten zu kennen, und nicht gemerkt hat, dass er in die Irre geführt wurde, wird dieses

Dudley Clarke war stets klar – und ein bisschen später wird sich zeigen, dass es bedauerlich war, dass andere nicht auch so waren –, dass man einen Feind nie durch Täuschung von etwas überzeugen kann, was nicht im Einklang mit seinen Erwartungen (die gewöhnlich nicht weit von seinen Hoffnungen entfernt sind) steht. Nur wenn wir das benutzen, was wir über ihn wissen, können wir ihn so hypnotisieren, dass er das, was wir wollen, nicht nur denkt, sondern auch tut.

DAVID MURE, »MASTER OF DECEPTION«

> *Verräther-Meisterstück. – Gegen den Mitverschworenen den kränkenden Argwohn zu äussern, ob man nicht von ihm verrathen werde, und diess gerade in dem Augenblicke, wo man selbst Verrath übt, ist ein Meisterstück der Bosheit, weil es den Andern persönlich occupirt und ihn zwingt, eine Zeit lang sich sehr unverdächtig und offen zu benehmen, so dass der wirkliche Verräther sich freie Hand gemacht hat.*
>
> FRIEDRICH NIETZSCHE (1844–1900), »MENSCHLICHES, ALLZUMENSCHLICHES«

falsche Wissen zur Grundlage seines Handelns machen und die verschiedensten Fehler begehen. Er wird seine Männer in Bewegung setzen, damit sie gegen einen Feind kämpfen, der gar nicht da ist. Er wird gegen Schatten kämpfen.

Auch bei den Schlachten im täglichen Leben sehen wir uns so einer Dynamik gegenüber. Wir sind soziale Wesen; unser Glück, ja sogar unser Überleben hängt von unserer Fähigkeit ab, zu verstehen, was andere vorhaben und denken. Da wir nicht in ihre Köpfe hineinblicken können, sind wir gezwungen, die Zeichen bei ihrem Verhalten nach außen zu lesen. Deshalb lernen wir schon früh, in der sozialen Welt zu Täuschungen zu greifen – wir erzählen anderen, was sie hören wollen, verbergen unsere wirklichen Gedanken, verbiegen die Wahrheit und führen die anderen in die Irre, um einen besseren Eindruck zu machen. Oft sind wir uns gar nicht bewusst, was wir da tun.

Da der Anschein entscheidend und Täuschung unvermeidbar ist, müssen Sie Ihr Spiel verfeinern – Ihre Täuschung bewusster und geschickter machen. Sie können viel aus den militärischen Künsten der Täuschung lernen, die auf zeitlosen Gesetzen der Psychologie beruhen und bei den Kämpfen im täglichen Leben uneingeschränkt anwendbar sind.

Bei der militärischen Täuschung gibt es sechs Hauptformen, die alle einen spezifischen Vorteil haben.

Die falsche Fassade. Das ist die älteste Form der militärischen Täuschung. Ursprünglich wollte man dadurch den Eindruck vermitteln, schwächer zu sein, als man tatsächlich war. Man täuschte beispielsweise einen Rückzug vor und verleitete den Feind so dazu, in eine Falle zu gehen, man lockte ihn in einen Hinterhalt.

Die Fassade unter Kontrolle zu haben, die man der Welt präsentiert, ist die bei der Täuschung entscheidende Fähigkeit. Wir Menschen reagieren besonders direkt auf das, was wir sehen, was für unsere Augen am sichtbarsten ist. Wenn Sie gewitzt wirken – wenn Sie trügerisch erscheinen –, wird der Feind auf der Hut sein, und es wird unmöglich sein, ihn in die Irre zu führen. Sie müssen ihm also eine Fassade präsentieren, die das Gegenteil bewirkt, die jeden Verdacht ausräumt. Die beste Wahl ist hier Schwäche, da sie dazu führen wird, dass die andere Seite sich Ihnen überlegen fühlt.

Sie sollten der Welt generell ein Gesicht präsentieren, das das Gegenteil von dem verspricht, was Sie tatsächlich vorhaben. Falls Sie einen Angriff planen, sollten Sie so wirken, als seien Sie auf einen Kampf nicht vorbereitet und zu entspannt, um einen Krieg auszuhecken.

Der Scheinangriff. Auch diese Kriegslist stammt aus alter Zeit und ist vielleicht bis heute die häufigste militärische Irreführung geblieben. Sie begann als Lösung für ein Problem: Wenn der Feind wusste, dass Sie Punkt A angreifen würden, zog er seine Verteidigung dort zusammen und machte Ihre Aufgabe sehr schwierig. Da war es am besten, Ihre Armee auf Punkt B zumarschieren zu lassen oder – was noch geschickter war – einen Teil Ihrer Armee in diese Richtung zu schicken, aber Truppen für Ihr wirkliches Ziel in Reserve zu halten.

Der Scheinangriff ist auch im täglichen Leben eine

Der Anschein und die Absicht ziehen die Menschen unweigerlich in ihren Bann, wenn sie kunstvoll eingesetzt werden – selbst wenn die Leute spüren, dass sich hinter dem offenen Anschein eine andere Absicht verbirgt. Wenn wir Tricks benutzen und die Leute darauf hereinfallen, gewinnen wir, indem wir sie dazu bringen, auf Grundlage unserer List zu handeln. Und was diejenigen angeht, die nicht auf unseren Trick hereinfallen: Wenn wir sehen, dass sie nicht in die offene Falle gehen, haben wir noch eine Alternative in der Hinterhand. Selbst wenn der Feind nicht auf unseren ursprünglichen Trick hereingefallen ist, ist das dann in Wirklichkeit doch geschehen.

Yagyu Munenori (1571–1646), »Family Book on the Art of War«

> *In Kriegszeiten ist die Wahrheit so kostbar, dass sie stets von einer Leibwache aus Lügen begleitet werden sollte.*
>
> WINSTON CHURCHILL (1874–1965), »THE SECOND WORLD WAR«

sehr wichtige Strategie, um sich die Möglichkeit zu bewahren, Ihre Absichten zu verheimlichen. Wenn Sie die Leute daran hindern wollen, diejenigen Punkte zu schützen, die Sie angreifen wollen, müssen Sie dem militärischen Modell folgen und so tun, als wollten Sie ein Ziel angreifen, das Sie in Wirklichkeit gar nicht interessiert.

Tarnung. Die Fähigkeit, mit der Umgebung zu verschmelzen, gehört zu den besonders furchteinflößenden Formen der militärischen Täuschung. Dafür zu sorgen, dass der Feind Sie erst sieht, wenn es bereits zu spät ist, ist eine verheerende Weise, die Kontrolle über seine Wahrnehmungen an sich zu reißen.

Diese Strategie lässt sich im täglichen Leben in zwei Varianten anwenden. Erstens ist es immer gut, wenn man mit der sozialen Landschaft verschmelzen kann, sodass man nur dann Aufmerksamkeit erregt, wenn man das will. Zweitens: Wenn Sie einen Angriff vorbereiten und damit beginnen, dass Sie mit der Umgebung verschmelzen und keine Anzeichen von Aktivität zeigen, wird Ihr Angriff wie aus dem Nichts kommen und die doppelte Wucht haben.

Das hypnotische Muster. Wir neigen von Natur aus dazu, in Form von Mustern zu denken. Wir wollen, dass die Ereignisse unseren Erwartungen entsprechen, und fügen sie deshalb in ein Muster oder Schema ein; Schemen sind für uns nämlich unabhängig von ihrem Inhalt tröstlich, da sie uns glauben lassen, dass das Chaos des Lebens sich vorhersagen lässt. Diese Denkgewohnheit bietet einen ausgezeichneten Boden für Täuschungen – Sie können bewusst ein Muster erschaffen, um Ihre Feinde zu der Überzeugung zu bringen, dass Ihre nächste Aktion diesem Muster entsprechen wird. Wenn Sie sie eingelullt und selbstgefällig gemacht haben, haben Sie Raum dafür, ihre Erwartungen ins Leere laufen zu lassen, das Muster aufzubrechen und überraschend über sie zu kommen.

Eingeimpfte Informationen. Viel eher als etwas, was sie erzählt bekommen, werden die Leute das glauben, was sie mit eigenen Augen sehen. Sie werden eher etwas glauben, was sie selbst entdeckt haben, als etwas, was ihnen aufgedrängt wird.

Auch für hervorragende Lügner ist es schwierig, bei Täuschungen ganz natürlich zu sein. Deshalb ist es besonders effektiv, Ihre Täuschungen durch Menschen zu verbreiten, die Sie in Unkenntnis der Wahrheit lassen – durch Personen, die die Lüge selbst glauben. Bei der Arbeit mit Doppelagenten dieser Art ist es immer klug, ihnen zunächst einige zutreffende Informationen zu geben – das wird den Nachrichten, die sie weitergeben, mehr Glaubwürdigkeit verleihen. Danach werden sie perfekte Kanäle für Ihre Lügen sein.

Schatten in Schatten. Täuschungsmanöver sind wie Schatten, die wir bewusst werfen: Der Feind reagiert auf sie, als wären sie fest und real, was an sich schon ein Fehler ist. In unserer hoch entwickelten, vom Wettbewerb beherrschten Welt ist dieses Spiel jedoch beiden Seiten bekannt, und ein wachsamer Feind wird nicht unbedingt nach dem Schatten greifen, den Sie geworfen haben. Sie müssen die Kunst der Täuschung daher auf das nächsthöhere Niveau bringen und Schatten *innerhalb von* Schatten werfen, sodass der Feind Fakt und Fiktion nicht mehr voneinander unterscheiden kann. Wenn Sie alles mehrdeutig und ungewiss machen und so viel Nebel verbreiten, dass es gar keine Rolle mehr spielt, ob der Feind Sie der Täuschung verdächtigt, dass die Wahrheit nicht von den Lügen geschieden werden kann, wird sein Verdacht ihm nur Qualen bescheren. Und bei dem angestrengten Bemühen, herauszufinden, was Sie vorhaben, wird er kostbare Zeit und wertvolle Ressourcen verschwenden.

Symbol: Der
Nebel. Er macht es unmöglich,
die Gestalt und Farbe von Objekten
zu erkennen. Wer lernt, genug Nebel
zu erzeugen, befreit sich vom durch-
dringenden Blick des Feindes und hat
Raum zum Manövrieren. Man weiß dann,
wohin man selbst geht, während der
Feind herumirrt, immer tiefer
in den Nebel
hinein.

Garant: Wer beim Kampf gegen den Feind gut ist, täuscht ihn durch unergründliche Bewegungen, verwirrt ihn durch falsche Informationen, bewirkt durch das Verbergen der eigenen Stärke, dass er sich entspannt, ... Er macht ihn taub, indem er seine Befehle und Signale durcheinanderwürfelt, und blind, indem er seine Banner und Insignien ändert, ... vereitelt seinen Schlachtplan durch verzerrte Fakten. (»Tou Bi Fu Tan, A Scholar's Dilettante Remarks on War«, 16. Jh.)

GESETZ

24

Die Strategie des Üblichen und Unüblichen

Auf das setzen, was der Feind am wenigsten erwartet

Die Leute erwarten, dass Ihr Verhalten bekannten Mustern und Konventionen folgt. Als Stratege müssen Sie ihren Erwartungen zuwiderhandeln. Wenn Sie sie überraschen, erzeugen Sie in ihrer Welt Chaos und Unvorhersehbarkeit – die sie verzweifelt unter Kontrolle zu behalten versuchen –, und in dem dann entstehenden geistigen Aufruhr ist ihre Verteidigung schwach und sie sind verwundbar. Sie sollten zunächst etwas Übliches und Konventionelles tun, um ihr Bild von Ihnen zu untermauern, und sie dann durch etwas Unübliches aus der Fassung bringen. Weil es so plötzlich kommt, ist das Entsetzen umso größer. Sie dürfen sich nie auf eine unorthodoxe Strategie verlassen, die schon einmal funktioniert hat – beim zweiten Mal ist sie nämlich konventionell. Manchmal ist das Übliche ungewöhnlich, weil die andere Seite es nicht erwartet.

Unkonventionelle Kriegführung

Vor Tausenden von Jahren suchten die Militärführer – die sich bewusst waren, dass beim Krieg unglaublich viel auf dem Spiel steht – überall nach irgendetwas, was ihrer Armee auf dem Schlachtfeld einen Vorteil bringen würde. Einige besonders kluge Generäle ersannen neue Truppenformationen oder einen innovativen Einsatz der Infanterie oder der Kavallerie; dabei bewirkte die Neuheit der Taktik, dass der Feind sie nicht vorhersehen konnte. Da sie unerwartet kam, versetzte sie ihn in Verwirrung. Eine Armee, die sich auf diese Weise den Vorteil der Überraschung verschaffte, konnte ihn oft in einen Sieg und vielleicht sogar eine Reihe von Siegen auf dem Schlachtfeld ummünzen.

Der Feind arbeitete jedoch angestrengt daran, eine Verteidigung gegen die neue Strategie zu entwickeln, und das gelang ihm oft sehr schnell. Was vorher brillante Erfolge gebracht hatte und die Verkörperung der Innovation gewesen war, funktionierte also bald nicht mehr und wurde konventionell. Zudem war der Feind bei der Ausarbeitung einer Verteidigung gegen eine neuartige Strategie häufig gezwungen, selbst innovativ zu sein; jetzt konnte er seinerseits etwas Überraschendes und furchtbar Effektives tun. Es entwickelte sich also ein Kreislauf. Der Krieg war schon immer unbarmherzig; nichts bleibt lange unkonventionell. Wer nicht innoviert, wird sterben.

Inzwischen ist die ständige Herausforderung, den Feind mit etwas Neuem und Unkonventionellem zu übertreffen, in die schmutzige Kriegführung umgeschlagen. Die modernen Armeen haben die Eh-

Was der Feind am wenigsten erwartet, wird stets den größten Erfolg bringen. Wenn er sich für seine Sicherheit auf eine Bergkette verlässt, die er für unüberwindbar hält, und man diese Berge auf Wegen umgeht, die er nicht kennt, wird er zunächst verwirrt sein; übt man dann Druck auf ihn aus, wird ihm keine Zeit bleiben, sich von seiner Bestürzung zu erholen. Und wenn er sich hinter einen Fluss stellt, um den Übergang zu verteidigen, und man oberhalb oder unterhalb davon eine ihm unbekannte Furt findet und den Fluss dort überquert, wird diese Überraschung ihn durcheinanderbringen und verwirren.

FRIEDRICH DER GROSSE (1712–1786)

ren- und Moralkodexe, die früher das, was Generäle machen durften, zumindest in gewissem Ausmaß einschränkten, gelockert und sich allmählich mit der Idee angefreundet, dass *alles* erlaubt ist. Guerilla- und terroristische Taktiken waren schon lange bekannt; jetzt sind sie nicht nur häufiger, sondern auch strategischer und ausgefeilter. Propaganda, falsche Informationen, psychologische Kriegführung, Täuschung und politische Mittel der Kriegführung sind heutzutage aktive Bestandteile jeder unkonventionellen Strategie. Gegenstrategien richten sich gewöhnlich gegen die neueste Form der schmutzigen Kriegführung, doch dabei muss man sich oft auf das Niveau des Feindes hinabbegeben und Feuer durch Feuer bekämpfen. Der schmutzige Feind sinkt daraufhin auf ein noch schmutzigeres Niveau, sodass eine nach unten gerichtete Spirale entsteht.

Diese Dynamik ist zwar bei der Kriegführung besonders intensiv, zieht sich aber durch alle Aspekte der menschlichen Aktivitäten. Falls Sie in der Politik oder in der Wirtschaft sind und Ihre Gegner oder Konkurrenten mit einer neuen Strategie kommen, müssen Sie sie an Ihre eigenen Zwecke anpassen; noch besser wäre es allerdings, die Strategie des Feindes zu übertreffen. Seine zunächst neuartige Taktik wird dann konventionell und letztlich nutzlos. Angesichts des heftigen Wettbewerbs, der in unserer Welt herrscht, ist im Grunde gar nicht zu vermeiden, dass eine Seite schließlich zu etwas Schmutzigem greift, zu etwas, was außerhalb der früheren Kodexe für akzeptiertes Verhalten liegt. Wer diese Spirale aufgrund seines Moralgefühls oder aus Stolz ignoriert, nimmt schwerwiegende Nachteile in Kauf; Sie müssen irgendwie reagieren – wahrscheinlich werden Sie dann auch nicht mehr ganz sauber kämpfen.

Die Spirale beherrscht nicht nur die Politik und die Wirtschaft, sondern auch die Kultur mit ihrer verzweifelten Suche nach dem Schockierenden und Neuartigen, das Aufmerksamkeit erregen und momentanen Ruhm bringen wird. Alles ist erlaubt! Die Geschwindigkeit dieses Prozesses nimmt in exponentieller Abhängigkeit von der Zeit zu; was in der Kunst noch vor wenigen Jahren unkonventionell war, wirkt jetzt unerträglich abgedroschen und wie der Gipfel der Konformität.

Was wir als unkonventionell betrachten, hat sich im Laufe der Jahre geändert, doch die Gesetze, die das Unkonventionelle effektiv machen, beruhen auf elementarer Psychologie und sind daher zeitlos. Und wenn Sie das Wesen der unkonventionellen Kriegführung verstanden haben, werden Sie sie auch im täglichen Leben benutzen können.

Bei der unkonventionellen Kriegführung gibt es den Meistern dieser Kunst zufolge vier Grundprinzipien.

Außerhalb der Erfahrungswelt des Feindes arbeiten. Die Prinzipien des Kriegs beruhen auf Vorgängern: Im Laufe der Jahrhunderte entwickelt sich eine Art Kanon der Strategien und Gegenstrategien, und da der Krieg so gefährlich chaotisch ist, stützen die Strategen sich in Ermangelung von etwas anderem auf diese Prinzipien. Sie filtern das, was jetzt geschieht, durch das, was in der Vergangenheit passiert ist. Die Armeen, die die Welt erschütterten, haben jedoch immer eine Möglichkeit gefunden, außerhalb des

Eine falsche Bewegung machen – nicht, um sie für eine echte auszugeben, sondern um sie in eine echte zu verwandeln, sobald der Feind davon überzeugt ist, dass man sie ihm nur vorspiegelt.

Sun Haichen, »The Wiles of War«

> *Ich habe mich dazu gezwungen, mir selbst zu widersprechen, damit ich mich meinem eigenen Geschmack nicht anpasse.*
>
> MARCEL DUCHAMP (1887-1968)

Kanons und damit außerhalb der Erfahrungswelt des Feindes zu operieren. Durch diese Fähigkeit kann man beim Feind Chaos und Unordnung hervorrufen; da er sich nicht auf die Neuheit einstellen kann, bricht er zusammen.

Als Stratege müssen Sie den Feind gut kennen und Ihr Wissen dann zur Entwicklung einer Strategie nutzen, die über seine Erfahrungen hinausgeht. Was er möglicherweise gelesen oder gehört hat, spielt eine kleinere Rolle als seine persönliche Erfahrung, die sein emotionales Leben und seine Reaktionen beherrscht. Wenn eine Strategie allerdings bereits benutzt wurde und nicht mehr außerhalb der Erfahrungswelt des Feindes liegt, wird sie bei einer Wiederholung nicht den gleichen Effekt haben.

Das Unübliche aus dem Üblichen entwickeln. Für die alten Chinesen hatte es ohne einen Rahmen des Üblichen kaum eine Wirkung, etwas Unübliches zu tun. Man musste beides miteinander verbinden, man musste die Erwartungen des Gegners durch irgendein banales übliches Manöver festigen, durch ein angenehmes Muster, an das man sich nach Ansicht des Feindes halten würde. Wenn der Feind gebannt genug war, musste man mit dem Unüblichen zuschlagen, man musste unter einem völlig neuen Gesichtspunkt überraschende Stärke zeigen. Vom Vorhersehbaren umrahmt erzielte dieser Schlag dann die doppelte Wirkung.

Beim zweiten oder dritten Mal ist das unkonventionelle Manöver, das den Feind beim ersten Mal noch in Verwirrung stürzte, jedoch konventionell. Dann wird ein listiger General vielleicht zu der üblichen

Strategie zurückkehren, durch die er vorher nur die Erwartungen des Feindes festigen wollte, und sie nun für seinen Hauptangriff benutzen, da dies das Letzte ist, was der Feind erwarten würde. Das Übliche und das Unübliche sind also nur dann effektiv, wenn sie in Form einer ständigen Spirale wechseln. Das gilt für die Kultur genauso wie für den Krieg: Wer mit einem kulturellen Produkt Aufmerksamkeit erregen will, muss etwas Neues erschaffen, doch wenn dabei der Bezug zum gewöhnlichen Leben fehlt, ist es keineswegs unkonventionell, sondern einfach nur seltsam. Das wahrhaft Schockierende und Unübliche entfaltet sich aus dem Gewöhnlichen. Die Verflechtung des Unüblichen mit dem Gewöhnlichen ist gerade die Definition des Surrealismus.

Sich völlig verrückt verhalten. Auch wenn es nicht so aussieht, liegen bei der Gesellschaft und beim Einzelnen viel Unordnung und Irrationalität unter der Oberfläche. Deshalb bemühen wir uns so verzweifelt, die Ordnung aufrechtzuerhalten, und deshalb können Menschen, die sich irrational verhalten, für uns wirklich schrecklich sein. Sie zeigen nämlich, dass bei ihnen die Mauern nicht mehr stehen, die wir bauen, um die Irrationalität auszusperren. Wir können nicht vorhersehen, was sie als Nächstes tun werden, und machen am liebsten einen großen Bogen um sie – es lohnt sich nicht, sich mit solchen Quellen des Chaos einzulassen. Andererseits können diese Menschen uns auch Ehrfurcht und Respekt einflößen, da wir uns insgeheim alle danach sehnen, Zugang zu den Meeren der Irrationalität zu gewinnen, die in uns toben. In alter Zeit glaubte man, die Wahnsinnigen seien von den Göttern besessen; ein Nachhall dieser Einstellung hat sich bis heute erhalten. Bei den größten Generälen hat es immer einen Anflug von göttlichem strategischem Wahnsinn gegeben.

Das Geheimnis ist, dass wir diese Ader unter Kontrolle behalten müssen. Hin und wieder dürfen Sie es sich ruhig zugestehen, auf eine bewusst irrationale Weise zu operieren, doch weniger ist auch hier mehr – wenn Sie das zu häufig machen, könnten Sie sich darin verfangen. Sie werden den Leuten ohnehin mehr Angst einjagen, wenn Sie ab und zu Wahnsinn aufblitzen lassen, gerade genug, um allen ihr Gleichgewicht zu rauben und dafür zu sorgen, dass sie sich ständig fragen, was wohl als Nächstes kommen wird. Eine Alternative ist unberechenbares Verhalten, als würde das, was Sie tun, vom Fall eines Würfels bestimmt. Unberechenbarkeit verstört uns zutiefst. Stellen Sie sich dieses Verhalten doch als eine Art Therapie vor – als Chance, sich hin und wieder der Irrationalität hinzugeben, als vorübergehende Befreiung von der erdrückenden Notwendigkeit, stets normal zu wirken.

Die Räder in ständiger Bewegung halten. Das Unkonventionelle ist generell der Bereich der jungen Leute, die sich angesichts von Konventionen nicht wohlfühlen und denen es großen Spaß macht, über sie zu spotten. Wenn wir älter werden, brauchen wir jedoch mehr Bequemlichkeit und Vorhersehbarkeit und verlieren den Geschmack am Unorthodoxen. Sie müssen den psychischen Alterungsprozess noch stärker bekämpfen als den körperlichen, denn ein Geist voller Kriegslisten, Tricks und flexibler Manöver wird Sie jung erhalten. Achten Sie darauf, sich aus den Gewohnheiten zu lösen, die Sie entwickelt haben, auf eine Art zu handeln, die im Gegensatz zu Ihrer bisherigen Handlungsweise steht; führen Sie gewissermaßen einen unkonventionellen Krieg gegen Ihren eigenen Geist. Sorgen Sie dafür, dass die Räder sich weiterdrehen und den Boden auflockern, sodass sich nichts setzen und zum Konventionellen verklumpen kann.

Symbol: Der Pflug. Der Boden muss vorbereitet werden. Die Schare des Pfluges durchwühlen die Erde in ständiger Bewegung und bringen Luft in den Boden. Der Prozess muss jedes Jahr ablaufen, sonst wird sich das schädlichste Unkraut durchsetzen, und der verklumpte Boden wird alles Leben ersticken. Aus der gepflügten und gedüngten Erde können die nahrhaftesten und wunderbarsten Pflanzen auftauchen.

Garant: Die Kampfverbände treten dem Feind stets in regulärer Formation gegenüber; durch überraschende Manöver erringen sie den Sieg. ... Das Überraschende und das Reguläre bedingen einander wie in einem Kreislauf, ohne Anfang und ohne Ende. Wer sähe sich je in der Lage, sie auszuschöpfen? (Sunzi, 5./6. Jh. v. Chr., »Die Kunst des Krieges«)

Gesetz

25

Die Strategie der Rechtschaffenheit

Auf moralische Überlegenheit setzen

In einer politischen Welt muss die Sache, für die Sie kämpfen, gerechter wirken als die des Feindes. Stellen Sie sich das als moralisches Terrain vor, um das Sie selbst und die andere Seite kämpfen; wenn Sie die Motive des Feindes in Zweifel ziehen und sie schlecht erscheinen lassen, können Sie seine Unterstützungsbasis und seinen Manövrierraum einengen. Zielen Sie auf die empfindlichen Stellen bei seinem öffentlichen Ansehen, enthüllen Sie seine Scheinheiligkeit. Sie dürfen nie einfach annehmen, dass es doch wohl offensichtlich ist, dass Ihre Sache gerecht ist – Sie müssen sie öffentlich machen und für sie werben. Wenn Ihre eigene Moralität von einem gewitzten Feind angegriffen wird, sollten Sie nicht jammern oder wütend werden, sondern Feuer durch Feuer bekämpfen. Falls das möglich ist, sollten Sie sich als der Schwächere positionieren, als Opfer, als Märtyrer. Sie sollten lernen, als moralische Waffe Schuldgefühle zu wecken.

Schlüssel zur Kriegführung

Die Moralität – die Definition von Gut und Böse – ist in nahezu allen Kulturen als Möglichkeit für die Differenzierung der Klassen entstanden. Die Gesellschaften benutzen Vorstellungen davon, was moralisch ist und was nicht, um Werte zu erschaffen, die ihnen gute Dienste leisten. Wenn diese Werte veralten oder auf andere Weise nicht mehr passen, verlagert die Moralität sich allmählich und entwickelt sich weiter.

Es gibt jedoch Personen und Gruppen, die die Moralität zu einem ganz anderen Zweck benutzen – nicht um die soziale Ordnung aufrechtzuerhalten, sondern um sich in einer Wettbewerbssituation wie einem Krieg, in der Politik oder der Wirtschaft einen Vorteil zu verschaffen. Sie sind Meister darin, sich Moralität auf die Fahnen zu schreiben und das in Stärke oder einen Vorteil umzumünzen.

Wenn Ihre Feinde den Versuch machen, sich als gerechtfertigter – und damit moralischer – als Sie zu präsentieren, müssen Sie diesen Zug als das ansehen, was er am häufigsten ist: nicht als Reflexion der Moralität, von Richtig und Falsch, sondern als geschickte Strategie.

Die einzige effektive Reaktion ist, selbst auch strategisch zu werden. Wenn der Kampf um moralisches Territorium begonnen hat, müssen Sie genau wie bei einem militärischen Krieg alles daransetzen, die moralische Überlegenheit zu erringen.

Wie bei jeder Form der Kriegführung gibt es auch beim moralischen Konflikt offensive und defensive Möglichkeiten. Wenn Sie in der Offensive sind, arbei-

[Colonel John] Boyd legte besonders viel Gewicht auf die moralische Dimension und das Bemühen, den Feind durch das Aufzeigen der Kluft zwischen seinen angeblichen Glaubenssätzen und seinen Taten moralisch anzugreifen. Bei der moralischen Gestaltung einer großen Strategie kommt es darauf an, einen moralischen Hebel zu benutzen, um einerseits den eigenen Geist und die eigene Stärke zu erhöhen und andererseits die Fehler bei den konkurrierenden Systemen der Feinde aufzuzeigen. Bei diesem Prozess sollten Sie die eventuellen Feinde, die sich noch nicht entschieden haben, und die derzeitigen Feinde so beeinflussen, dass sie zu Ihrer Philosophie hingezogen werden und für Ihren Erfolg Empathie empfinden.

GRANT T. HAMMOND, »THE MIND OF WAR«

> *Diese Welt ist nicht heil, sie steckt voller Widersprüche. Die Menschen reden von Moralprinzipien und handeln nach Machtprinzipien. Es ist eine Welt, in der wir uns immer auf der Seite der Moral befinden, nicht jedoch unsere Feinde.*
>
> Saul D. Alinsky (1909–1972), »Die Stunde der Radikalen«

ten Sie aktiv daran, das Ansehen des Feindes zu zerstören.

Die Scheinheiligkeit des Gegners aufzudecken ist vielleicht die tödlichste Waffe im moralischen Arsenal. Die Menschen hassen Scheinheiligkeit von Natur aus. Feinde, die lautstark verkünden, sie würden gewisse Werte vertreten, sich in der Realität aber nicht immer an diese Werte halten, sind wunderbare Ziele.

Wenn ein Kampf mit Ihren Feinden sich nicht vermeiden lässt, sollten Sie immer darauf hinarbeiten, dass *sie* ihn beginnen. Selbst wenn Sie einen Aggressionskrieg führen, sollten Sie eine Möglichkeit finden, sich nicht als Eroberer zu präsentieren, sondern als Befreier – Sie kämpfen nicht etwa um Land oder Geld, sondern für die Befreiung von Menschen, die unter einem unterdrückerischen Regime leiden!

Bei einem Konflikt, der schmutzig werden könnte, bei dem Sie sicher sind, dass der Feind zu fast allem greifen wird, ist es stets am besten, selbst eine moralische Offensive zu starten und nicht auf seine Angriffe zu warten. Das Ansehen der anderen Seite zu durchlöchern ist leichter, als das eigene Ansehen zu verteidigen.

Feinden, die auf den moralischen Aspekt setzen, dürfen Sie keine Angriffsfläche bieten. Werden Sie Ihrem guten Ruf gerecht; praktizieren Sie zumindest in der Öffentlichkeit das, was Sie predigen; stellen Sie sich auf die Seite der gerechtesten Sachen des Tages. Sorgen Sie dafür, dass Ihre Gegner so hart daran arbeiten müssen, Ihren Ruf zu untergraben, dass sie verzweifelt wirken und ihre Angriffe auf sie selbst zurückschlagen. Die beste Verteidigung gegen eine Attacke auf moralischem Boden besteht darin, sich schon vorher dagegen zu wappnen, anzuerkennen, wo man verwundbar sein könnte, und vorzusorgen.

Kriege werden am häufigsten aus Selbstinteresse geführt: Staaten ziehen in den Krieg, um sich vor einer Invasion oder einem möglicherweise gefährlichen Feind zu schützen oder um das Land oder die Ressourcen eines Nachbarn an sich zu reißen. Manchmal spielen bei der Entscheidung auch moralische Erwägungen eine Rolle – beispielsweise bei einem Heiligen Krieg oder einem Kreuzzug –, doch selbst dann geht es auch um das Eigeninteresse; Moralität ist häufig nur ein Deckmantel für das Streben nach mehr Territorium, mehr Besitz, mehr Macht.

Kriege, die aus Selbstinteresse geführt werden, enden gewöhnlich, wenn die Interessen des Siegers befriedigt worden sind.

Die Menschen, die aus einem Moralgefühl heraus kämpfen, können am gefährlichsten sein. Sie können machtgierig sein und die Moralität als bloßen Deckmantel benutzen; sie können durch irgendeinen dunklen, verborgenen Groll motiviert sein; in jedem Fall sind sie auf mehr aus als auf Eigeninteresse. Selbst wenn Sie sie schlagen oder sich zumindest erfolgreich gegen sie verteidigen, könnte Besonnenheit hier der bessere Teil der Tapferkeit sein. Moralische Kriege sollten Sie nach Möglichkeit vermeiden – sie sind die Zeit und die schmutzigen Gefühle, die sie aufrühren, nicht wert.

> ... *hat erfolgreiche Verschlagenheit den Namen »Tugend« erhalten, und einige ... haben sie doch zugelassen, wenn es geschieht, um ein Königreich zu erlangen.*
>
> THOMAS HOBBES (1588–1679), »LEVIATHAN«

Symbol: Keime. Wenn sie einmal in den Körper eingedrungen sind und ihn angreifen, breiten sie sich schnell aus. Ihre Bemühungen, sie zu zerstören, machen sie oft noch stärker und schwerer auszurotten. Die beste Verteidigung ist Vorbeugung. Sie sollten mit dem Angriff rechnen und sich gegen ihn immunisieren. Bei solchen Organismen muss man Feuer durch Feuer bekämpfen.

Garant: Dreh- und Angelpunkt von Kriegen sind der Name und Rechtschaffenheit. Sichern Sie sich einen guten Namen und hängen Sie dem Feind einen schlechten an; verkünden Sie Ihre eigene Rechtschaffenheit und enthüllen Sie, dass der Feind nicht rechtschaffen ist. Dann kann Ihre Armee sich mit großer Wucht voranbewegen und Himmel und Erde erschüttern. (Tou Bi Fu Tan, »A Scholar's Dilettante Remarks on War«, 16. Jh.)

GESETZ

26

Die Strategie der Leere

Dem Feind keine Ziele bieten

Das Gefühl der Leere – Stille, Isolation, Bindungslosigkeit – ist für die meisten von uns unerträglich. Als menschliche Schwäche bereitet diese Angst den Boden für eine starke Strategie: dem Feind kein Ziel zu bieten, das er angreifen könnte, gefährlich, aber nicht zu fassen und unsichtbar zu sein und ihn dann dabei zu beobachten, dass er Sie in die Leere jagt. Das ist der Kern des Guerillakriegs. Statt dem Feind Frontalangriffe zu liefern, sollten Sie ihn mit lästigen, aber schädlichen Angriffen von der Seite her und mit Nadelstichen beharken. Aus Frustration über seine Unfähigkeit, seine Stärke gegen Ihren nebelartigen Feldzug zum Tragen zu bringen, wird Ihr Gegner unvernünftig werden und ermüden. Sie sollten Ihren Guerilakrieg in eine große politische Sache integrieren – in einen Krieg des Volkes –, die mit einer unaufhaltsamen Revolution endet.

Schlüssel zur Kriegführung

Das war das System, das Spanien gegen uns benutzte. 150 bis 200 über ganz Spanien verstreute Guerillagruppen hatten geschworen, jeden Monat jeweils 30 bis 40 Franzosen zu töten; für alle Gruppen zusammen machte das 6 000 bis 8 000 Mann. Der Befehl lautete, niemals Soldaten anzugreifen, die geschlossen unterwegs waren, es sei denn, dass die Guerillas zahlreicher waren. Sie schossen jedoch auf alle Nachzügler, griffen kleine Eskorten an und versuchten, die Ressourcen, Kuriere und vor allem die Konvois in die Hände zu bekommen. Da alle Bewohner sich als Spione für ihre Mitbürger betätigten, wussten die Guerillas, wann die Konvois aufbrechen und wie stark ihre Eskorten sein würden; die Guerillagruppen achteten dann darauf, dass ihre eigene Zahl doppelt so groß war. Sie kannten das Terrain sehr gut und

Der organisierte Krieg ist im Laufe der Jahrhunderte gewöhnlich einer Logik gefolgt, die so universell ist, dass sie beinahe von Natur aus zu dem Prozess zu gehören scheint: Ein Herrscher beschließt, sein Land in einen Krieg zu führen, und stellt zu diesem Zweck eine Armee auf. Das Ziel dieser Armee besteht darin, dem Feind in einer Entscheidungsschlacht zu begegnen, ihn dort zu besiegen, ihn so zu zwingen, sich zu ergeben, und günstige Bedingungen für einen Frieden zu schaffen.

Der Stratege, der den Feldzug leitet, muss sich mit einem spezifischen Bereich befassen, dem *Kriegstheater*. Dieser Bereich ist meist relativ begrenzt; auf ausgedehnten offenen Flächen manövrieren zu müssen kompliziert die Möglichkeit, den Krieg zu einem Ende zu bringen. Der Stratege muss also auf dem Kriegsschauplatz versuchen, seine Armee so in die Entscheidungsschlacht zu führen, dass der Feind überrascht wird oder im Nachteil ist. Damit seine Truppen stark genug für einen tödlichen Schlag bleiben, konzentriert er sie, statt sie zu zerstreuen. Um den Krieg zu beenden, können mehrere Schlachten erforderlich sein, da beide Seiten sich bemühen, die Schlüsselpositionen einzunehmen, die die Kontrolle über das Kriegstheater verleihen; die Militärführer müssen jedoch versuchen, ihn möglichst schnell zu beenden. Je länger er sich hinzieht, desto mehr werden nämlich die Ressourcen der Armee belastet, bis zu dem Punkt, an dem die Kampffähigkeit zusammenbricht. Zudem verschlechtert sich im Laufe der Zeit auch die Moral der Soldaten.

Wie bei allen menschlichen Aktivitäten erzeugt diese positive, geordnete Seite jedoch eine Schattenseite mit einer eigenen Form von Macht und umgekehrter Logik. Diese negative Seite ist der Guerillakrieg. Seine Anfänge liegen Jahrtausende zurück, in einer Zeit, in der stärkere Nachbarn kleinere Länder überfielen; um überleben zu können, mussten ihre Armeen vor dem Eroberer fliehen, da jeder direkte Kontakt sie zerstört hätte.

Die frühen Guerillakämpfer lernten, dass es sehr nützlich sein kann, in kleinen, verstreuten Gruppen zu operieren statt in einer konzentrierten Armee – ständig in Bewegung zu bleiben, niemals eine Vorderseite, Flanke oder Rückseite zu bilden, die der Feind angreifen konnte. Der Feind war darauf aus, den Krieg auf einen eng begrenzten Raum zu beschränken; daher war es besser, ihn auf ein möglichst großes Territorium auszuweiten, mit der Landschaft zu verschmelzen und den Feind dazu zu zwingen, sich bei der Verfolgung zu zerstreuen und sich so für nadelstichartige Attacken zu öffnen. Er wünschte sich natürlich eine schnelle Beendigung des Kriegs – daher sollte man ihn so lange wie möglich hinziehen und so die Zeit zu einer Angriffswaffe machen, die den Feind durch Friktion und ein Nachlassen des Kampfgeistes schwächte.

Die Stärke von Guerillakriegen liegt hauptsächlich im psychischen Bereich. Bei der konventionellen Kriegführung läuft alles darauf hinaus, dass es zwischen zwei Armeen zur Schlacht kommt. Dafür werden alle Strategien ersonnen, das erfordert der kriegerische Instinkt zur Befreiung von der Anspannung. Wenn es dem Guerillastrategen gelingt, dieses natürliche Aufeinandertreffen immer wieder hinauszuschieben, er-

griffen an der am besten geeigneten Stelle heftig an. Oft wurden diese Bemühungen von Erfolg gekrönt; sie töteten jedenfalls immer viele Männer, und das Ziel wurde erreicht. Da das Jahr aus zwölf Monaten besteht, verloren wir rund 80 000 Mann im Jahr, ohne eine einzige offene Feldschlacht. Der Krieg in Spanien dauerte sieben Jahre – also kamen über 500 000 Mann ums Leben. ... Das sind jedoch nur die Soldaten, die von den Guerillas getötet wurden. Nimmt man die Schlachten von Salamanca, Talavera und Vitoria sowie mehrere andere, die unsere Soldaten verloren, hinzu, den ergebnislosen Angriff auf Cádiz, die Invasion in Portugal und seine Evakuierung, die Fieber- und anderen Epidemien, die auf die Temperaturen zurückzuführen waren, sind dieser Zahl über die sieben Jahre gesehen weitere 300 000 Mann hinzuzufügen. ... Angesichts von diesen Zahlen ist klar, dass

> *das Hauptziel dieser Kriegsform darin besteht, die Zerstörung des Feindes zu erreichen, ohne dass er das richtig merkt. Wassertropfen, die auf einen Stein fallen, werden im Laufe der Zeit ja ein Loch in ihn graben; auch hier sind Geduld und Beharrlichkeit erforderlich, immer nach demselben System. Auf lange Sicht wird der Feind darunter mehr leiden als durch Niederlagen bei offenen Feldschlachten.*
>
> J. F. A. Le Miére de Corvey, »On Partisans and Irregular Forces«, (1823)

zeugt er große Frustration. Je länger diese mentale Zerrüttung andauert, desto stärker schwächt sie den Feind.

Da die Guerillastrategie ein so großes psychisches Element aufweist, lässt sie sich bei sozialen Konflikten unbegrenzt anwenden. Wie im Krieg laufen unsere Gedanken und Emotionen von Natur aus auch im Leben auf die Augenblicke zu, in denen wir Kontakt zu anderen haben und mit ihnen interagieren. Menschen, die bewusst ausweichen und jedem Kontakt aus dem Weg gehen, finden wir extrem beunruhigend. Solche Gegner können eine verstörende Macht über unseren Geist gewinnen, und je länger sie das aufrechterhalten, desto eher werden wir zu ihren Bedingungen kämpfen müssen.

Als Erstes sollten Sie sich immer fragen, ob ein Kampf im Guerillastil angesichts der Umstände, denen Sie sich gegenübersehen, geeignet ist. Er ist beispielsweise bei Feinden, die aggressiv, aber gewitzt sind, besonders effektiv. Diese Typen können es nämlich nicht ertragen, keinen Kontakt zum Feind zu haben. Sie leben dafür, zu lavieren, zu überlisten und zu siegen. Nichts zu haben, was sie angreifen könnten, neutralisiert ihre Gewitztheit, und dann führt ihre Aggressivität zu ihrem Untergang.

Wenn Sie zu dem Schluss gekommen sind, dass ein Guerillakrieg sinnvoll ist, sollten Sie einen Blick auf die Armee werfen, die Sie dabei benutzen wollen. Eine große, konventionelle Armee ist nie geeignet; entscheidend sind Beweglichkeit und die Fähigkeit, gleichzeitig von vielen Seiten her anzugreifen. Das Organisationsmodell dafür ist die Zelle – eine relativ kleine, eigenständige Gruppe von Männern und Frauen, eng verwoben, hingebungsvoll, aus sich selbst heraus motiviert. Diese Zellen sollten sogar das feindliche Lager unterwandern.

Der wesentliche Punkt ist, die offiziellen Kanäle der Organisation, die zu Größe und Konzentration neigt, zu umgehen. Stattdessen sollten Sie auf Beweglichkeit achten und Ihre Armee leicht und geheim machen. Sie können Ihre Guerillazellen auch Ihrer regulären Armee angliedern. Diese Vermischung von Konventionellem und Unkonventionellem kann sich als ausgesprochen effektiv erweisen.

Nach der Organisation Ihrer Zellen müssen Sie eine Möglichkeit finden, den Feind zum Angriff zu verlocken. In einem Krieg erreicht man das gewöhnlich am besten, indem man sich zurückzieht, sich dann aber umdreht, um den Feind mit ständigen kleinen Attacken und Überfällen aus dem Hinterhalt anzugreifen, die er einfach nicht ignorieren kann.

Bei den meisten Konflikten ist die Zeit ein Risikofaktor, da sie Murphys Gesetz ins Spiel bringt: Wenn etwas schiefgehen kann, *wird* es schiefgehen. Wenn Ihre Armee klein und relativ unabhängig ist, kann aber weniger schiefgehen; gleichzeitig müssen Sie daran arbeiten, dass das Verstreichen der Zeit für den Feind zu einem Albtraum wird. Die Moral sinkt, die Ressourcen werden knapp ... Die Wirkung potenziert sich: Wenn unerwartete Probleme auftauchen, beginnt der Feind, Fehler zu machen.

Nutzen Sie die Zeit bei Ihrer Strategieentwicklung als Angriffswaffe. Gestalten Sie Ihre Manöver so, dass der Feind sich nur ganz wenig bewegt, aber immer glaubt, dass eine weitere Schlacht die Entscheidung bringen wird. Sie wollen, dass seine Lage sich *langsam* verschlechtert; bei einem plötzlichen großen Rückschlag, bei klarer Sicht auf die Falle, die Sie ihm stellen, wird er sich befreien, bevor der Schaden angerichtet ist. Gaukeln Sie ihm Erfolg vor, lassen Sie ihn Schlüsselpositionen einnehmen. Er wird sich hartnäckig an sie klammern, wenn die Zahl Ihrer Überfälle und Nadelstichattacken wächst. Wenn er dann schwächer wird, sollten Sie das Tempo und die Häufigkeit dieser Angriffe erhöhen. Lassen Sie ihn hoffen, lassen Sie ihn in dem Glauben, dass das alles sich immer noch lohnt, bis die Falle ausgelegt ist. Dann sollten Sie seine Illusion platzen lassen.

Die Essenz des Guerillakriegs ist Beweglichkeit. Der Feind wird unermüdlich versuchen, sich an das anzupassen, was Sie tun, er wird sich bemühen, auf diesem ihm nicht vertrauten Terrain festen Boden unter die Füße zu bekommen. Sie müssen darauf vorbereitet sein, Ihr Verhalten zu ändern und gerade das zu machen, was seinen Erwartungen zuwiderläuft. Das könnte bedeuten, hin und wieder auf konventionelle Weise zu kämpfen, Ihre Armee zu konzentrieren, sie hier oder dort angreifen zu lassen und sie dann wieder aufzuspalten. Ihre Ziele sind maximale Unordnung und Fremdheit. Sie wissen ja, dass dieser Krieg psychischer Natur ist. Was nach Luft ringt, ist der Geist des Feindes, und er fällt zuerst.

Symbol: Der Moskito. Die meisten Tiere präsentieren eine Vorderseite, eine Rückseite und Flanken, an denen Feinde sie angreifen oder bedrohen können. Moskitos hingegen bieten uns nur ein nervtötendes Surren im Ohr, das von überall her kommt. Man kann sie nicht erschlagen oder zerquetschen, man kann sie nicht sehen. Unser Fleisch hingegen bietet ihnen unendlich viele Ziele. Nach genug Bissen erkennen wir, dass es nur eine Lösung gibt: den Kampf einzustellen und einen möglichst großen Abstand zwischen sie und uns selbst zu legen.

Garant: Alles, was eine Form hat, kann überwunden werden; alles, was Gestalt annimmt, kann zerstört werden. Deshalb verbergen die Weisen ihre Form im Nichts und lassen ihren Geist sich in der Leere emporschwingen. (»Huainanzi«, 2. Jh. v. Chr.)

GESETZ

27

Die Bündnisstrategie

Scheinbar für die Interessen anderer arbeiten, tatsächlich aber für die eigenen

Die beste Möglichkeit, Ihre Sache mit minimalem Aufwand und Blutvergießen voranzubringen, ist der Aufbau eines sich ständig verlagernden Netzes von Bündnissen. Sie müssen andere dazu bringen, Ihre eigenen Schwächen auszugleichen, Ihre schmutzige Arbeit zu machen, Ihre Kriege auszukämpfen, Energie dafür aufzuwenden, Sie vorwärts zu ziehen. Die Kunst besteht darin, diejenigen als Verbündete zu wählen, die für den gegenwärtigen Augenblick besonders geeignet sind und die Lücken bei Ihrer Stärke füllen. Machen Sie ihnen Geschenke, bieten Sie ihnen Ihre Freundschaft an, helfen Sie ihnen, wenn sie Hilfe brauchen – alles, um sie blind für die Realität zu machen und dafür zu sorgen, dass sie Ihnen unterschwellig verpflichtet sind. Gleichzeitig sollten Sie daran arbeiten, in den Bündnissen von anderen Zwietracht zu säen und Ihre Feinde zu schwächen, indem Sie sie isolieren. Sie sollten zweckdienliche Allianzen bilden, sich aber nicht auf negative Verstrickungen einlassen.

Schlüssel zur Kriegführung

Damit wir im Leben überhaupt vorankommen können, müssen wir ständig andere Menschen für irgendwelche Zwecke benutzen – um an Ressourcen zu gelangen, die wir uns nicht selbst verschaffen können, zu unserem Schutz, als Ausgleich für ein Talent oder eine Fertigkeit, die wir selbst nicht besitzen. Wird das Wort »benutzen« zur Beschreibung menschlicher Beziehungen verwendet, hat es jedoch einen hässlichen Beiklang; außerdem wollen wir unsere Handlungen ohnehin stets edler erscheinen lassen, als sie sind. Deshalb ziehen wir es vor, diese Interaktionen im Rahmen von durch Unterstützung, Partnerschaft oder Freundschaft geprägten Beziehungen zu begreifen.

Als Erstes müssen Sie verstehen, dass wir alle ständig andere Menschen benutzen, damit sie uns helfen und uns voranbringen. Das ist kein Grund, uns zu schämen oder ein schlechtes Gewissen zu haben. Wir sollten es auch nicht persönlich nehmen, wenn wir merken, dass jemand anders *uns* benutzt; andere zu benutzen ist eine menschliche und soziale Notwendigkeit. Sie müssen außerdem lernen, diese notwendigen Bündnisse strategisch zu gestalten, sich mit Personen zusammenzuschließen, die Ihnen etwas geben können, was Sie sich nicht selbst verschaffen können. Bei den für Sie hilfreichsten Bündnissen wird es um beiderseitiges Selbstinteresse gehen.

Sie sollten Ihre Bündnisse als Trittsteine zu einem Ziel betrachten. Im Laufe Ihres Lebens werden Sie immer wieder von einem Stein zum nächsten springen, im Einklang mit Ihren Bedürfnissen. Wenn Sie

Sechs auf drittem Platz bedeutet:

Er findet einen Genossen,

bald trommelt er, bald hört er auf, bald schluchzt er, bald singt er.

Hier ist die Kraftquelle nicht im eigenen Ich, sondern in der Beziehung zu andern Menschen. Wenn man auch noch so nahe mit ihnen steht, wenn unser Schwerpunkt auf ihnen beruht, so läßt sich nicht vermeiden, daß man umhergeworfen wird zwischen Freude und Leid. Himmelhoch jauchzend, zu Tode betrübt, das ist das Schicksal derer, die abhängen von der inneren Übereinstimmung mit andern Menschen, die sie lieben.

»I-GING«
(CA. 8. JH. V. CHR.)

diesen Fluss überquert haben, werden Sie sie hinter sich lassen.

Sie müssen durch und durch realistisch sein, weit vorausdenken und die Situation möglichst stark in Bewegung halten. Ihr Verbündeter von heute kann schon morgen Ihr Feind sein. Bei diesem Bild gibt es keinen Platz für sentimentale Anwandlungen. Wenn Sie schwach, aber klug sind, können Sie langsam in eine Position der Stärke vorrücken, indem Sie von einer Allianz zur nächsten springen. Das Gegenteil besteht darin, ein Schlüsselbündnis zu schließen und an ihm festzuhalten, unter Wertschätzung von Vertrauen und einer beständigen Beziehung. In stabilen Zeiten kann das gut funktionieren, doch in den häufigeren Perioden, in denen alles im Fluss ist, kann es sich als Ihr Untergang erweisen; dann wird es sich nämlich nicht vermeiden lassen, dass es zu Unterschieden bei den Interessen kommt, und zugleich wird es schwierig für Sie sein, sich aus einer Beziehung zu lösen, in die Sie so viele Emotionen gesteckt haben. Daher ist es sicherer, auf den Wandel zu setzen, sich Ihre Optionen offenzuhalten und Ihre Bündnisse auf die Erfordernisse zu gründen, nicht auf Loyalität oder gemeinsame Werte.

Wenn Sie bei diesem Spiel gut sein wollen, müssen Sie erkennen, wer Ihre Interessen im gegebenen Augenblick am besten voranbringen kann. Das wird nicht unbedingt die offenbar stärkste Person auf dem Spielfeld sein, die Person, die am meisten für Sie tun zu können *scheint*; Bündnisse, die spezifische Bedürfnisse erfüllen oder bestimmte Mängel ausgleichen, sind oft nützlicher. (Bündnisse zwischen zwei Großmächten sind im Allgemeinen am ineffektivsten.)

Deshalb begann ich mich umzusehen und betrachtete von nun an die meisten, mit denen ich bekannt wurde, einzig und allein als Leute, die ich auf meinen ehrgeizigen Reisen als Träger gebrauchen konnte. Fast alle diese Träger waren früher oder später erschöpft. Unfähig, die langen Märsche, zu denen ich sie zwang, im Eiltempo und unter allen klimatischen Bedingungen durchzuhalten, brachen sie unterwegs zusammen. Ich nahm mir andere. Um sie mir dienstbar zu machen, versprach ich ihnen, sie dorthin zu bringen, wohin ich selbst unterwegs war, zur Endstation des Ruhms, um den Emporkömmlinge sich hoffnungslos bemühen.

Salvador Dalí
(1904–1989),
»Das geheime
Leben des
Salvador Dalí«

Bei Radrennen ist es eine bewährte Strategie, sich nicht an die Spitze zu setzen, sondern sich direkt hinter dem Führenden zu halten, im Windschatten, sodass der Führende Sie vor dem Wind schützt und Ihnen Energie spart. In letzter Minute sprinten Sie dann an ihm vorbei. Dafür zu sorgen, dass andere den Widerstand für Sie brechen und ihre Energie zu Ihren Gunsten verschwenden, ist der Gipfel der Wirtschaftlichkeit und Strategie.

Einer der besten Kunstgriffe ist, zunächst so zu tun, als würde man jemandem bei irgendeiner Sache oder einem Kampf helfen – aber nur, um letztlich die eigenen Interessen zu fördern. Es ist leicht, solche Menschen zu finden – sie haben ein deutlich erkennbares Bedürfnis, eine vorübergehende Schwäche, bei deren Überwindung Sie ihnen helfen können. Wenn Sie geschickt dafür gesorgt haben, dass sie Ihnen unterschwellig verpflichtet sind, können Sie sie benutzen, wie Sie wollen: um ihre Angelegenheiten zu beherrschen, um ihre Energie in die von Ihnen gewünschte Richtung zu lenken ... Die Emotionen, die Sie durch Ihr Hilfsangebot hervorrufen, werden den anderen an Ihren tieferen Zweck binden.

Eine Variante besteht darin, den Vermittler zu spielen, das Zentrum, um das die anderen Mächte sich drehen. Dabei bleiben Sie insgeheim autonom, sorgen aber dafür, dass die Menschen in Ihrem Umfeld um Ihre Loyalität kämpfen. Die Brillanz liegt darin, dass Sie lediglich die zentrale Position einnehmen müssen, um enorme Macht ausüben zu können. Diese Macht können Sie allerdings nur aufrechterhalten, wenn Sie darauf achten, dass Sie selbst frei von Verstrickungen bleiben und von allen umworben werden. Sobald Sie

Der Löwe und der Wildesel schlossen ein Bündnis, um die Tiere im Wald leichter fangen zu können. Der Löwe erklärte sich bereit, dem Wildesel durch seine Stärke zu helfen, während der Wildesel den Löwen durch seine größere Schnelligkeit unterstützen wollte. Als sie so viele Tiere gefangen hatten, wie sie brauchten, machte der Löwe sich daran, die Beute zu teilen. Er legte drei Anteile zurecht und sagte dann: »Den ersten werde ich mir nehmen, da ich der König bin; den zweiten nehme ich mir als dein Partner bei der Jagd; und der dritte Teil wird dir, das kannst du mir glauben, große Schmerzen bereiten, falls du ihn mir nicht bereitwillig überlässt und wegrennst, so schnell du kannst.«

Wir sollten unsere eigene Stärke immer gut berechnen und keine Bündnisse mit Leuten eingehen, die stärker sind als wir selbst.

Äsop (6. Jh. v. Chr.), »Fabeln«

ein dauerhaftes Bündnis eingehen, wird Ihre Macht stark abnehmen.

Eine ganz wichtige Komponente ist die Fähigkeit, die Allianzen anderer zu manipulieren und sogar zu zerstören, indem Sie unter Ihren Gegnern Zwietracht säen, sodass sie sich gegenseitig bekämpfen. Die Bündnisse des Feindes zu zertrümmern ist ebenso effektiv wie die Bildung eigener Bündnisse.

Sie sollten den Schwerpunkt hier darauf legen, Argwohn zu säen. Sorgen Sie dafür, dass die Partner sich gegenseitig misstrauen, verbreiten Sie Gerüchte, wecken Sie Zweifel im Hinblick auf die Motive der Leute, seien Sie zu einem der Partner freundlich, damit der andere eifersüchtig wird. Handeln Sie nach der Devise »teilen und erobern«.

Die Leute werden Ihnen dann vorwerfen, Sie seien schwach, amoralisch, hinterlistig. Darauf sollten Sie nichts geben. Die einzige wirkliche Gefahr ist, dass Ihr Ruf letztlich so leiden könnte, dass niemand mehr ein Bündnis mit Ihnen eingehen will – doch die Welt wird vom Selbstinteresse beherrscht. Falls man sieht, dass Sie anderen in der Vergangenheit Vorteile gebracht haben und das auch in der Gegenwart tun können, werden Sie genug Bewerber und Spielgefährten haben.

Außerdem sind Sie treu und großzügig, solange ein beiderseitiges Bedürfnis besteht. Und wenn Sie zeigen, dass Sie nicht auf den trügerischen Lockruf dauerhafter Loyalität und Freundschaft hereinfallen, wird man Ihnen sogar mehr Respekt entgegenbringen. Von Ihrer realistischen und engagierten Spielweise werden sich viele Leute angezogen fühlen.

Symbol: Trittsteine. Der Fluss fließt schnell und ist gefährlich, doch Sie müssen ihn an einem bestimmten Punkt überqueren. Dort liegen in einer ungeordneten Linie Steine,

über die Sie ans andere Ufer gelangen können. Wenn Sie zu lange auf einem der Steine verharren, werden Sie das Gleichgewicht verlieren. Wenn Sie zu schnell sind oder einen Stein

auslassen, werden Sie ausrutschen. Sie müssen leichtfüßig von einem Stein zum nächsten springen und dürfen nie zurückblicken.

Garant: ... nur keine sentimentalen Bündnisse, bei denen das Bewußtsein der guten That den Lohn edler Aufopferung zu bilden hat. (Otto von Bismarck, 1815–1898)

GESETZ

28

Die Strategie der One-Upmanship

Den Konkurrenten so viel Seil geben, dass sie sich aufhängen können

Die größten Gefahren im Leben gehen oft nicht von äußeren Feinden aus, sondern von unseren Kollegen und angeblichen Freunden, die vorgeben, für die gemeinsame Sache zu arbeiten, in Wirklichkeit aber Pläne dafür aushecken, uns zu sabotieren und unsere Ideen zu stehlen, um dann selbst von ihnen zu profitieren. Auf dem Platz, auf dem Sie aufschlagen, müssen Sie zwar den Anschein von Rücksichtnahme und Zivilisiertheit aufrechterhalten, doch Sie müssen auch lernen, diesen Leuten Niederlagen beizubringen. Arbeiten Sie daran, bei ihnen Zweifel und Unsicherheit zu wecken, sodass sie zu viel nachdenken und sich defensiv verhalten. Ködern Sie sie mit subtilen Herausforderungen, die ihnen unter die Haut gehen, lösen Sie eine Überreaktion aus, einen peinlichen Fehler. Der Sieg, auf den Sie aus sind, ist ihre Isolierung. Bringen Sie sie dazu, sich durch ihre selbstzerstörerischen Neigungen aufzuhängen, sodass Sie schuldlos und sauber dastehen.

Die Kunst der One-Upmanship

Sie werden Ihr ganzes Leben lang an zwei Fronten kämpfen müssen. Zum einen an der äußeren Front, gegen Ihre unvermeidbaren Feinde; zum anderen aber, und das ist nicht so offensichtlich, an der inneren Front: gegen Ihre Kollegen und Konkurrenten, die zu einem großen Teil Pläne gegen Sie schmieden und auf Ihre Kosten ihre eigenen Ziele verfolgen werden. Das Schlimmste ist, dass Sie oft an beiden Fronten zugleich kämpfen werden müssen, dass Sie sich Ihren äußeren Feinden stellen und gleichzeitig daran arbeiten müssen, Ihre innere Position zu sichern. Dieser Kampf wird Sie schwächen und auslaugen.

Die Lösung liegt weder darin, das innere Problem zu ignorieren (dann würde Ihr Leben sehr kurz sein), noch darin, es direkt und konventionell anzugehen, indem Sie sich beklagen, sich aggressiv verhalten oder Verteidigungsbündnisse bilden. Sie müssen begreifen, dass der innere Krieg von Natur aus unkonventionell ist. Menschen, die theoretisch auf derselben Seite stehen, werden gewöhnlich alles daransetzen, den Anschein aufrechtzuerhalten, dass sie Teamspieler sind und für das größere Gute arbeiten; daher werden Klagen über sie und Angriffe auf sie nur dazu führen, dass Sie selbst schlecht dastehen, und Sie isolieren. Sie müssen aber davon ausgehen, dass diese ehrgeizigen Typen hinterlistig und indirekt operieren. Nach außen hin sind sie charmant und zur Zusammenarbeit bereit, hinter den Kulissen aber manipulativ und gerissen.

Sie müssen also zu einer Form der Kriegführung greifen, die sich für die nebulösen, aber gefährlichen

Wann man Ratschläge geben sollte

Meiner Ansicht nach (vergleiche aber Motherwell) gibt es nur einen richtigen Zeitpunkt für Ratschläge des Profis: wenn er eine komfortable, aber nicht notwendigerweise siegbringende Führung erlangt hat. Sagen wir, beim Golf einen Vorsprung von drei Schlägen bei neun noch ausstehenden Löchern oder beim Billard 65 gegenüber den 30 des Gegners. Die meisten akzeptierten Methoden sind effektiv. Beim Billard zum Beispiel stimmt die alte Geschichte, die so lautet:

Profi: »Darf ich etwas sagen?«

Amateur: »Was denn?«

Profi: »Nehmen Sie's leicht.«

Amateur: »Was meinen Sie damit?«

Profi: »Ich meine: Sie wissen, wie Sie die Stöße machen müssen, aber Sie strengen sich die ganze Zeit zu

verbissen an. Sehen Sie mal: Gehen Sie zur Kugel. Betrachten Sie die Linie. Und machen Sie dann Ihren Stoß. Entspannt. Mühelos.«

So einfach ist das! Anders ausgedrückt: Der Ratschlag muss vage sein, denn nur so ist garantiert, dass er nutzlos ist. Wenn man das geschickt macht, reicht das bloße Erteilen von Ratschlägen im Allgemeinen aber schon, um den Profi in eine praktisch unbezwingbare Position zu bringen.

STEPHEN POTTER (1900–1969), »THE COMPLETE UPMANSHIP«

Schlachten eignet, die sich Tag für Tag abspielen. Die unkonventionelle Strategie, die in dieser Arena am besten funktioniert, ist die Kunst der *One-Upmanship*. Sie wurde von den gewitztesten Höflingen der Geschichte entwickelt und beruht auf zwei einfachen Voraussetzungen: dass in Ihren Rivalen bereits die Saat der Selbstzerstörung keimt und dass ein Rivale, dem Sie (wenn auch vielleicht nur unterschwellig) das Gefühl gegeben haben, defensiv und unterlegen zu sein, dazu neigen wird, auch defensiv und unterlegen zu handeln, zu seinem eigenen Schaden.

Die menschliche Persönlichkeit bildet sich oft um Schwächen, Charakterfehler, unkontrollierbare Emotionen. Menschen, die sich bedürftig fühlen, unbedingt Ordnung brauchen, Angst vor Chaos oder einen Überlegenheitskomplex haben, werden eine soziale Maske entwickeln, um ihre Fehler dahinter verbergen und der Welt ein selbstsicheres, angenehmes, verantwortungsvolles Äußeres präsentieren zu können. Diese Maske ist jedoch wie das Narbengewebe, das eine Wunde bedeckt: Wenn man es auf eine falsche Weise berührt, schmerzt es. Ihr Opfer beginnt, die Kontrolle über seine Reaktionen zu verlieren; es jammert, verhält sich defensiv und paranoid oder legt die Arroganz an den Tag, die es so angestrengt zu verbergen sucht. Für einen Augenblick fällt die Maske.

Wenn Sie das Gefühl haben, dass einige Ihrer Kollegen sich als gefährlich erweisen könnten – oder sogar schon etwas aushecken –, müssen Sie sich als Erstes bemühen, sich Informationen über sie zu beschaffen. Sehen Sie sich ihr alltägliches Verhalten an, ihre früheren Aktionen und ihre Fehler, halten

Sie Ausschau nach Zeichen ihrer Schwächen. Wenn Sie über dieses Wissen verfügen, sind Sie für das Spiel der One-Upmanship bereit.

Als Erstes sollten Sie dann etwas machen, was die kaum verheilte Wunde reizt und Zweifel, Unsicherheit und Angst hervorruft. Das kann eine beiläufige Bemerkung sein oder auch etwas, was Ihre Opfer als Bedrohung ihrer Position auf dem Platz oder Spielfeld auffassen. Ihr Ziel besteht jedoch nicht darin, sie offenkundig herauszufordern – Sie wollen ihnen unter die Haut gehen, sodass sie sich angegriffen fühlen, sich aber nicht sicher sind, weshalb oder wie. Das Ergebnis ist eine vage, beunruhigende Empfindung. Ein Gefühl der Minderwertigkeit beschleicht sie.

Dann sollten Sie weitere Aktionen folgen lassen, die ihre Zweifel schüren. Hier ist es oft am besten, verdeckt vorzugehen und andere Personen, die Medien oder die Gerüchteküche dazu zu bringen, das für Sie zu erledigen. In der Endphase ist dieses Spiel dann täuschend einfach: Nachdem Sie genug Selbstzweifel angehäuft haben, um eine Reaktion auszulösen, treten Sie zurück und sehen zu, wie Ihre Zielperson sich selbst zerstört. Sie sollten allerdings der Versuchung widerstehen, Schadenfreude zu zeigen oder noch einen letzten Schlag anzubringen; an diesem Punkt ist es am besten, sich freundlich zu verhalten und sogar zweifelhaften Beistand und Rat anzubieten. Ihre Zielperson wird dann überreagieren. Sie wird um sich schlagen, einen peinlichen Fehler begehen oder zu viel von sich preisgeben. Oder sie wird sich zu defensiv verhalten, sich zu sehr bemühen, anderen zu gefallen, und zu offensichtlich daran arbeiten, ihre Position zu sichern und ihre Selbstachtung zu bestä-

Schweigen. – Die für beide Parteien unangenehmste Art, eine Polemik zu erwidern, ist, sich ärgern und schweigen: denn der Angreifende erklärt sich das Schweigen gewöhnlich als Zeichen der Verachtung.

FRIEDRICH
NIETZSCHE
(1844–1900),
»MENSCHLICHES,
ALLZUMENSCH-
LICHES«

Es gibt auch andere Möglichkeiten, Nerven zu zermürben. Während des Golfkriegs sprach US-Präsident Bush den Namen des irakischen Führers immer wieder »SAD-am« aus, was in etwa »Schuhputzer« bedeutet. Im Kapitol ist die grundsätzlich falsche Aussprache ihres Namens eine bewährte Weise, Gegner aus der Fassung zu bringen oder Neulinge zu beunruhigen. Lyndon Johnson beherrschte das meisterhaft. Als er der Führer der Senatsmehrheit war, wendete er diese Methode
J. McIver Weather-

> *ford zufolge bei jungen Mitgliedern an, die falsch abgestimmt hatten: »Johnson klopfte ihnen dann auf den Rücken und sagte, das würde er verstehen – doch gleichzeitig zerfetzte er ihren Namen, als metaphorische Aussage darüber, was passieren würde, falls der Betreffende ein Abweichler blieb.«*
>
> John J. Pitney, Jr., »The Art of Political Warfare«, (2000)

tigen. Defensive Menschen schieben andere unbewusst beiseite.

An diesem Punkt wird Ihr Eröffnungszug vergessen sein, insbesondere, wenn er nur unterschwellig aggressiv war. Hervorstechen werden die Überreaktion und die Demütigung Ihrer Konkurrenten. *Ihre* Hände sind sauber, *Ihr* Ruf ist unbefleckt. Ihr Verlust ihrer Position ist Ihr Gewinn; Sie sind eins weiter oben, Ihre Gegner hingegen eins weiter unten. Hätten Sie sie direkt angegriffen, hätte Ihr Vorteil nur vorübergehend bestanden oder gar nicht existiert. Ihre politische Position wäre dann sogar gefährlich: Ihre rührenden, leidenden Rivalen würden als Ihre Opfer Sympathien gewinnen, und die Aufmerksamkeit würde sich auf Sie als den für ihr Unglück Verantwortlichen richten. Nein, sie müssen durch ihre eigenen Schwerter fallen!

Vielleicht haben Sie dabei ein bisschen nachgeholfen, aber in ihren Augen und vor allem in den Augen aller anderen muss es möglichst weitgehend so aussehen, als wäre das ganz allein ihre eigene Schuld. Das wird ihre Niederlage doppelt so bitter und doppelt so effektiv machen.

Zu siegen, ohne dass Ihr Opfer weiß, wie das geschehen konnte, oder auch nur, was Sie gemacht haben, ist der Höhepunkt der unkonventionellen Kriegführung. Wenn Sie diese Kunst beherrschen, werden Sie es nicht nur leichter finden, an zwei Fronten gleichzeitig zu kämpfen, sondern Ihr Weg in die höchsten Ränge wird längst nicht so steinig sein.

Symbol: Die Maske. Jeder, der auf der über-
füllten Bühne agiert, trägt eine Maske – ein
freundliches, ansprechendes Gesicht, das er
dem Pu-   blikum präsen-   tiert. Fällt
die Maske auf den scheinbar versehentli-
chen Stoß eines Mitspielers hin, kommt
jedoch ein ganz und gar nicht freundliches Gesicht   zum Vorschein,
das kaum jemand vergessen wird –
auch wenn die Maske es wieder verdeckt.

Garant: Oft geben wir unseren Feinden das Mittel
zu unserer eigenen Zerstörung. (Äsop, 6. Jh. v. Chr.,
»Fabeln«)

GESETZ

29

Die Strategie des Fait accompli

Kleine Bissen nehmen

Wer zu ehrgeizig wirkt, weckt in anderen Groll. Der unverhüllte Griff nach der Macht und der steile Aufstieg an die Spitze sind gefährlich – sie erzeugen Neid, Misstrauen und Argwohn. Die beste Lösung besteht oft darin, sich auf kleine Bissen zu beschränken, kleine Gebiete zu schlucken, die Tatsache zu nutzen, dass die menschliche Aufmerksamkeitsspanne relativ kurz ist. Wenn Sie unter dem Radar bleiben, werden die anderen Ihre Bewegungen nicht sehen. Und wenn doch, könnte es bereits zu spät sein; Sie haben ein Fait accompli geschaffen – das Territorium gehört Ihnen. Sie können immer behaupten, das sei ein Akt der Selbstverteidigung gewesen. Bevor die Leute das merken, haben Sie sich ein Imperium aufgebaut.

Schlüssel zur Kriegführung

Die meisten Menschen sind von Natur aus konservativ. Sie klammern sich verzweifelt an das, was sie haben, sie fürchten sich vor den unvorhergesehenen Folgen und Situationen, die Konflikte unweigerlich mit sich bringen. Sie hassen Konfrontationen und versuchen, ihnen aus dem Weg zu gehen.

Wir wollen mal annehmen, dass es etwas gibt, was Sie für Ihre Sicherheit und Macht haben wollen oder brauchen. Wenn Sie es ohne Diskussion oder Warnung annektieren, bleiben Ihren Feinden nur zwei Möglichkeiten: zu kämpfen oder den Verlust zu akzeptieren und Sie in Ruhe zu lassen. Lohnen das, was Sie sich angeeignet haben, und Ihr einseitiges Vorgehen die Mühe, Kosten und Gefahr, die mit einem Krieg verbunden sind? Was kostet sie mehr – ein Krieg oder der Verlust?

Wenn Sie ihnen etwas wegnehmen, was von wirklichem Wert ist, werden sie ihre Entscheidung sorgfältig abwägen müssen. Wenn Sie ihnen hingegen etwas Kleines, eher Unwichtiges wegnehmen, ist es Ihren Feinden fast unmöglich, sich für den Kampf zu entscheiden. Es wird dann wahrscheinlich sehr viel mehr Gründe dafür geben, die Sache auf sich beruhen zu lassen, als für einen Kampf um etwas so Kleines. Sie haben die konservativen Instinkte des Feindes ausgenutzt, die gewöhnlich stärker sind als seine auf Besitz gerichteten. Dass das betreffende Gebiet Ihnen gehört, wird dann bald ein Fait accompli, ein Bestandteil des Status quo, den man am besten immer lassen sollte, wie er ist.

Früher oder später werden Sie im Rahmen dieser

DSIEN /
Die Entwicklung
(Allmählicher Fortschritt)

Das Zeichen besteht aus Sun (Holz, Eindringen) oben bzw. außen und Gen (Berg, Stille) unten bzw. innen. Ein Baum auf dem Berg entwickelt sich langsam und ordnungsgemäß, infolge davon steht er festgewurzelt. Dadurch ergibt sich der Gedanke der Entwicklung, die Schritt für Schritt allmählich weitergeht. Auch die Eigenschaften der Figuren deuten darauf hin: Innen ist Ruhe, die vor Unbesonnenheiten schützt, und außen Eindringen, das die Entwicklung und den Fortschritt ermöglicht.

»I-GING«
(CA. 8. JH. V. CHR.)

> Ehrgeiz kann kriechen, aber auch hoch fliegen.
>
> EDMUND BURKE
> (1729–1797)

Strategie noch einen kleinen Bissen nehmen. Dieses Mal sind Ihre Feinde wachsamer; sie beginnen, ein Muster zu erkennen. Doch auch dieser Bissen ist klein, und sie müssen sich erneut fragen, ob die Sache einen Kampf gegen Sie wert ist. Solange Sie nur an dem knabbern, was Sie haben wollen, lösen Sie nie so viel Wut, Angst oder Misstrauen aus, dass die Leute ihren natürlichen Widerstand gegen das Kämpfen überwinden. Wenn Sie zwischen Ihren Bissen genug Zeit verstreichen lassen, wird sich auch die Kürze der menschlichen Aufmerksamkeitsspanne positiv für Sie auswirken.

Der Schlüssel zu dieser Strategie liegt darin, schnell und ohne Diskussionen zu handeln. Wenn Sie Ihre Absichten enthüllen, bevor Sie zuschlagen, wird ein wahrer Hagel von Kritik, Analysen und Fragen auf Sie niederprasseln.

> Alle Konzepte, die aus der Ungeduld geboren wurden und darauf abzielten, einen schnellen Sieg zu erringen, konnten nur grobe Fehler sein. ... Man musste Tausende kleiner Siege anhäufen, um sie in einen großen Erfolg zu verwandeln.
>
> VO NGUYEN GIAP
> (1911–2013)

In der sozialen Welt ist es wie in der Natur: Alles, was groß und stabil ist, wächst langsam. Die Salamitaktik ist das perfekte Mittel gegen unsere natürliche Ungeduld: Sie zwingt uns dazu, uns zunächst auf etwas Kleines, Unmittelbares zu konzentrieren, auf den ersten Bissen, und dann darauf, wie und wo ein zweiter Bissen uns unserem Endziel näher bringen könnte. Wir müssen also in Form eines Prozesses denken, einer Folge miteinander zusammenhängender Schritte und Aktionen, so klein sie auch sein mögen.

Bei der Verhüllung Ihrer Manipulationen können Sie gar nicht zu weit gehen. Daher müssen Sie auch beim kleinsten Bissen so tun, als diene er Ihrer Selbstverteidigung. Außerdem hilft es, sich als der Schwächere zu präsentieren. Vermitteln Sie den Eindruck, dass Ihre Ziele begrenzt sind, indem Sie eine beträchtliche Pause zwischen Ihre Bissen legen – und so die Kürze der menschlichen Aufmerksamkeitsspanne ausnutzen –, und verkünden Sie in dieser Zeit allen, Sie seien auf Frieden aus. Es wäre sogar der Gipfel der Klugheit, hin und wieder einen etwas größeren Bissen zu nehmen und danach einen Teil von dem, was Sie sich angeeignet haben, zurückzugeben. Die Leute sehen dann nur Ihre Großzügigkeit und die Begrenztheit Ihrer Aktionen, nicht, dass Sie sich ein ständig wachsendes Reich aufbauen.

Symbol:
Die Artischocke.
Auf den ersten Blick
sieht sie unappetitlich aus,
sogar abstoßend, mit der kärglichen essbaren Substanz in ihrem
harten Äußeren. Man wird jedoch belohnt, wenn man sie auseinandernimmt
und Blatt für Blatt verzehrt. Ihre Blätter
werden allmählich zarter und schmackhafter, bis man zu ihrem saftigen Herzen
kommt.

Garant: Viele kleine Erfolge erringen, heißt allmählich einen Schatz aufhäufen. Mit der Zeit wird man reich und weiß selbst nicht wie. (Friedrich der Große, 1712–1786)

GESETZ
30

Kommunikationsstrategien

In ihre Köpfe eindringen

Auch die Kommunikation ist eine Form des Krieges; ihr Schlachtfeld sind die widerspenstigen, defensiven Köpfe der Menschen, die Sie beeinflussen wollen. Das Ziel ist, vorzurücken, durch ihre Verteidigung zu gelangen und ihre Köpfe zu besetzen. Alles andere ist ineffektive Kommunikation, eitles Geschwätz. Sie müssen lernen, Ihre Ideen hinter den feindlichen Linien zu verbreiten, durch kleine Details Botschaften zu senden und die Leute zu den von Ihnen gewünschten Schlussfolgerungen zu verleiten – und zwar so, dass sie glauben, sie seien von sich aus zu ihnen gekommen. Manche werden Sie überlisten können, indem Sie Ihre außergewöhnlichen Ideen in gewöhnliche Formen kleiden; die Widerspenstigeren und Teilnahmslosen müssen Sie durch eine extreme Sprache wecken, die von Neuem nur so strotzt. Auf keinen Fall sollten Sie eine statische Sprache benutzen, die wie eine Predigt und übertrieben persönlich klingt. Machen Sie Ihre Worte zu einem Funken für Aktionen, nicht zu einer passiven Betrachtung oder Meditation.

Schlüssel zur Kriegführung

Die Menschen suchen seit Jahrhunderten nach der Zauberformel dafür, andere durch Worte zu beeinflussen. Diese Suche hat sich als recht schwierig erwiesen. Worte haben nämlich seltsame, widersprüchliche Eigenschaften; wenn Sie beispielsweise jemandem Ratschläge geben – mögen sie auch noch so gut sein –, deuten Sie an, Sie wüssten mehr als er. Falls Sie dabei einen der Punkte treffen, bei denen er unsicher ist, werden Ihre klugen Worte vielleicht nur die Wirkung haben, dass sich bei ihm eben die Gewohnheiten festigen, die Sie ändern möchten. Sobald Ihre Worte in die Welt hinausgegangen sind, werden Ihre Zuhörer damit machen, was sie wollen, und sie gemäß ihren eigenen Vorurteilen interpretieren.

Normale Diskurse und selbst die Werke von Schriftstellern und die Kunst treffen die Leute gewöhnlich nur an der Oberfläche. Unsere Bemühungen, mit ihnen zu kommunizieren, gehen in dem ganzen Lärm unter, der ihre Ohren im täglichen Leben erfüllt. Manchmal ist das Vermögen, die Leute auf einer tieferen Ebene zu erreichen, ihre Ideen und ihr unerfreuliches Verhalten zu ändern, der entscheidende Punkt.

Sie dürfen Ihr Augenmerk nicht einfach nur auf den Inhalt Ihrer Kommunikation richten – auch die Form ist wichtig! Die Art und Weise, auf die Sie die Leute zu den von Ihnen gewünschten Schlussfolgerungen führen, statt ihnen die Botschaft durch bloße Worte mitzuteilen. Wenn Sie erreichen möchten, dass Menschen mit geringer Selbstachtung sich im Hinblick auf sich selbst besser fühlen, hat Lob lediglich oberflächliche Wirkung; Sie müssen sie vielmehr dazu brin-

> *Die äußerlichste Art, auf andre Einfluß bekommen zu wollen, ist durch bloßes Geschwätz, ohne daß den Worten etwas Wirkliches entspricht. Solche Anregung durch bloße Bewegung der Sprechwerkzeuge bleibt notwendig unbedeutend.*
>
> »I-GING«
> (CA. 8. JH. V. CHR.)

> *Noch törichter ist, wer sich an Worte und Ausdrücke klammert und so versucht, zum Verstehen zu gelangen. Das ist so, als würde man versuchen, den Mond mit einem Stock zu schlagen oder einen Schuh zu kratzen, weil es am Fuß juckt. Mit der Wahrheit hat das nichts zu tun.*
>
> MUMON EKAI
> (1183–1260)

gen, etwas Greifbares zu schaffen, Sie müssen ihnen die reale Erfahrung geben. Daraus wird ein viel tieferes Gefühl des Selbstvertrauens erwachsen. Diese indirekte Kommunikation hat die Kraft, weit hinter die Verteidigung der Menschen vorzudringen.

Um diese neue Sprache sprechen zu können, müssen Sie lernen, Ihren Wortschatz über die explizite Kommunikation hinaus zu erweitern. Schweigen beispielsweise kann eine starke Wirkung haben; wer nicht antwortet, sondern schweigt, sagt viel. Wenn Sie etwas nicht erwähnen, obwohl die Leute das erwarten, ziehen Sie die Aufmerksamkeit auf diese Unterlassung, sodass sie kommuniziert. Auch die Details bei Texten, Reden und Kunstwerken haben große Ausdruckskraft. Es kann in allen Perioden gefährlich sein, Ideen vorzubringen, die der öffentlichen Meinung oder den Vorstellungen von der Richtigkeit zuwiderlaufen. Daher ist es am besten, diesen Normen scheinbar zu entsprechen, indem man die akzeptierte Weisheit nachplappert, ein Ende mit der »richtigen« Moral eingeschlossen.

Hin und wieder können Sie Details auch benutzen, um etwas anderes zu sagen. Wenn Sie zum Beispiel einen Roman schreiben würden, könnten Sie Ihre gefährlichen Ansichten dem Schurken in den Mund legen, sie aber mit so viel Energie und Leuchtkraft zum Ausdruck bringen, dass sie interessanter werden als die Reden des Helden. Die Andeutungen und die verschiedenen Bedeutungsschichten wird zwar nicht jeder verstehen, einige aber schon – zumindest diejenigen mit dem nötigen Scharfblick. Gemischte Botschaften werden bei Ihrem Publikum Interesse wecken; indirekte Ausdrucksformen – Schweigen, Anspielungen, zweideutige Details, absichtliche Schnitzer – verleihen den Leuten das Gefühl, beteiligt zu sein, die Bedeutung selbst zu entdecken. Je stärker die Leute sich am Kommunikationsprozess beteiligen, desto tiefer verinnerlichen sie seine Ideen.

Wenn Sie diese Strategie in die Praxis umsetzen, sollten Sie nicht den verbreiteten Fehler machen, die Aufmerksamkeit der Leute durch die Benutzung einer Form gewinnen zu wollen, die schockierend oder seltsam ist. Auf diese Weise werden Sie nämlich nur oberflächliche und kurzlebige Aufmerksamkeit erregen. Wenn Sie eine Form benutzen, die in weiten Kreisen der Öffentlichkeit auf Ablehnung stößt, verkleinern Sie Ihr Publikum; letztlich werden Sie dann nur noch die Bekehrten erreichen. Die Benutzung einer konventionellen Form ist auf lange Sicht effektiver, da sie ein größeres Publikum anzieht. Wenn Sie dieses Publikum dann gewonnen haben, können Sie Ihren wahren (vielleicht sogar schockierenden) Inhalt durch Details und Subtext andeuten.

Im Krieg wird so gut wie alles nach dem Ergebnis beurteilt. Wenn ein General seine Armee in eine Niederlage führt, spielen seine edlen Absichten keine Rolle; und die Tatsache, dass unvorhersehbare Faktoren ihn vom Kurs abgebracht haben könnten, zählt auch nicht. Er hat verloren – dafür gibt es keine Entschuldigung! Das gilt auch für die Politik: Es kommt nicht darauf an, was die Leute sagen oder vorhaben, sondern auf die Resultate ihrer Handlungen, darauf, ob die Macht gewachsen ist oder abgenommen hat. Taten und Resultate lügen nicht. Sie müssen lernen, diesen Standard auf Ihre eigene Kommunikation und auf die von anderen anzuwenden.

Miltiades aber war bei dem Lyderkönig Kroisos gut angeschrieben, und als der das [die Gefangennahme des Miltiades] erfuhr, schickte er zu den Lampsakenern und befahl ihnen, Miltiades freizulassen, wobei er ihnen drohte, sie widrigenfalls wie eine Fichte auszurotten. Während die Lampsakener sich noch den Kopf darüber zerbrachen, was Kroisos mit den Worten gemeint hätte, als er ihnen drohte, sie wie eine Fichte auszurotten, sagte einer ihrer Ältesten, der gleich begriff, was damit gemeint war, die Fichte wäre der einzige Baum, der, wenn er abgehauen würde, nicht wieder ausschlüge, sondern völlig abstürbe. Da gaben die Lampsakener aus Furcht vor Kroisos Miltiades frei und ließen ihn ziehen.

HERODOT (485–424 v. CHR.), »DAS GESCHICHTSWERK DES HERODOT VON HALIKARNASSOS«

Die Fähigkeit, andere zu erreichen und ihre Ansichten zu ändern, ist eine ernste Sache – ebenso ernst und strategisch wie ein Krieg. Sie müssen härter zu sich selbst und zu anderen sein, denn an einem Scheitern der Kommunikation ist nicht das dumme oder schwerfällige Publikum schuld, sondern der unstrategische Kommunikator.

Symbol: Das Stilett. Es ist lang und spitz wie eine Nadel. Man braucht es nicht zu schärfen. Seine Perfektion als Instrument dafür, sauber und tief durchzudringen, liegt in seiner Form. Ob man es in die Seite, in den Rücken oder ins Herz stößt – es ist immer tödlich.

Garant: ... ich gebäre nichts von Weisheit, und was mir bereits viele vorgeworfen, daß ich andere zwar fragte, selbst aber nichts über irgend etwas antwortete, weil ich nämlich nichts Kluges wüßte zu antworten, darin haben sie recht. Die Ursache davon aber ist diese: Geburtshilfe leisten nötigt mich der Gott, erzeugen aber hat er mir gewehrt. (Sokrates, 470–399 v. Chr., »Theaitetos«)

GESETZ

31

Die Strategie der inneren Front

Zerstörung von innen

Krieg kann man nur gegen einen Feind führen, der sich zeigt. Wenn Sie die Ränge des Gegners unterwandern, von innen her daran arbeiten, ihn zu Fall zu bringen, geben Sie ihm nichts, was er sehen oder worauf er reagieren könnte – und das ist der allergrößte Vorteil. Von innen her können Sie auch seine Schwächen entdecken und sich Möglichkeiten dafür eröffnen, bei ihm Zwietracht zu säen. Daher sollten Sie Ihre feindseligen Absichten verbergen. Wenn Sie sich irgendetwas aneignen wollen, sollten Sie nicht gegen die derzeitigen Besitzer kämpfen, sondern sich ihnen anschließen; dann können Sie entweder langsam davon Besitz ergreifen oder auf den richtigen Augenblick für einen Putsch warten. Keine Struktur kann lange stehen, wenn sie von innen her verrottet.

Schlüssel zur Kriegführung

Auf seinen revolutionären und missionarischen Reisen suchte Hasan-i Sabbah [der Führer der Nizari-Ismaeliten] nach einer uneinnehmbaren Festung, als Basis für seinen Widerstand gegen das Reich der Seldschuken. Um 1088 entschied er sich schließlich für die Burg Alamut, die auf dem schmalen Grat eines hohen Felsens erbaut war, im Herzen des Elburs-Gebirges, in einem Distrikt namens Rudbar. Die Burg thronte über einem ringsum abgeschlossenen fruchtbaren Tal, das fast 50 Kilometer lang und maximal knapp fünf Kilometer breit war und 1 830 Meter über dem Meeresspiegel lag. Dort gab es mehrere Dörfer, deren Bewohner für Hasans asketische Frömmigkeit besonders empfänglich waren. Die Burg war nur unter allergrößten Schwierigkeiten durch eine enge Schlucht des Alamut-Flusses zu erreichen. ...

Beim altmodischen Krieg war die häufigste Form der Verteidigung die Festung oder die von einer Mauer umschlossene Stadt, und die Militärführer ersannen über Jahrhunderte hinweg Strategien für die Einnahme derartiger Strukturen. Die konventionelle Strategie gegen die Festung war, unter Benutzung von Sturmwagen und -böcken ihre Mauern zu ersteigen oder Breschen in sie zu schlagen. Das bedeutete häufig, dass man sie zunächst belagern musste. Den Bewohnern der Stadt gingen dann allmählich die Lebensmittel aus; sie wurden dadurch schwächer, sodass die Belagerer schließlich Breschen in die Mauern schlagen und die Festung oder Burg einnehmen konnten.

Im Laufe der Jahrhunderte kam findigen Strategen jedoch die Idee, die Mauern auf andere Weise zu überwinden. Ihre Strategie beruhte auf einer einfachen Annahme: dass die scheinbare Stärke der Festung eine Illusion ist, dass hinter ihren Mauern Menschen gefangen sind, die voller Angst, ja sogar verzweifelt sind. Den Führern der Stadt sind im Grunde die Optionen ausgegangen, sie können nur noch auf die Architektur der Festung vertrauen. Wer diese Mauern belagert, begeht den Fehler, den Anschein von Stärke als Realität zu betrachten. Wenn die Mauern tatsächlich große Schwäche in ihrem Inneren bergen, besteht die geeignete Strategie doch darin, sie zu umgehen und auf das Innere zu zielen. Das lässt sich machen, indem man Tunnel unter den Mauern hindurchgräbt, ihre Stärke also im wahrsten Sinne des Wortes untergräbt – eine konventionelle militärische Strategie.

Es gibt jedoch einen noch besseren, verschlageneren

Weg: die Menschen jenseits der Mauern zu unterwandern oder mit den verdrossenen Bewohnern der Stadt zu arbeiten. Das wird als »Eröffnung einer inneren Front« bezeichnet – auf der Innenseite eine Gruppe zu finden, die zu Ihren Gunsten Unzufriedenheit verbreiten und die Festung letztlich verraten wird, sodass sie Ihnen ohne lange Belagerung in die Hände fällt.

Das Grundprinzip lautet hier, dass es einfacher ist, eine Struktur – eine Mauer, eine Gruppe, einen defensiv eingestellten Sinn – von innen her umzustürzen. Wenn etwas von innen her zu verrotten und auseinanderzufallen beginnt, bricht es unter seinem eigenen Gewicht zusammen – und das ist eine viel bessere Methode, es zu Fall zu bringen, als sich gegen die Mauern zu werfen. Verbündete im Inneren werden wertvolle Informationen darüber liefern, wo der Feind verwundbar ist. Sie werden still und geschickt Sabotage treiben, sie werden innere Zwietracht säen. Durch diese Strategie kann man den Feind so schwächen, dass man ihm den entscheidenden Schlag versetzen kann; sie kann zudem dazu führen, dass der Feind seine Niederlage sich selbst zu verdanken hat.

Sie können sich aber auch mit Ihren Feinden anfreunden und sich in ihre Herzen und Köpfe schlängeln. Als Freund Ihrer Zielpersonen werden Sie natürlich erfahren, wie ihre Bedürfnisse aussehen und wo sie unsicher sind – Sie werden in das weiche Innere blicken können, das sie unbedingt verbergen möchten. Einem Freund gegenüber werden sie ihre Verteidigung ja lockern.

Sollte es auf der Innenseite jemanden geben, den Sie loswerden oder ausschalten müssen, liegt es nahe,

Hasan benutzte eine sorgfältig geplante Strategie, um die Burg einzunehmen, die der derzeitige schiitische Besitzer Mihdi vom seldschukischen Sultan Malikschah erhalten hatte. Als Erstes sandte Hasan seinen vertrauenswürdigen da'i Husain Qa'ini und zwei weitere Männer in die benachbarten Dörfer, um die Leute dort zu bekehren. Dann wurden viele Bewohner und Soldaten von Alamut insgeheim zum Ismaelismus bekehrt. Im September 1090 ließ Hasan sich schließlich selbst in die Burg schmuggeln. Als Mihdi merkte, dass Hasan im Stillen seine gesamte Festung übernommen hatte, ging er in Frieden.

James Wasserman, »The Templars and the Assassins«

> *Ich ziehe daraus den Schluß, daß ein Herrscher sich wenig um Verschwörungen sorgen soll, wenn ihm das Volk wohlgesinnt ist. Ist es ihm aber feind und haßt ihn, so muß er Angst vor jeder Gelegenheit und vor jedem Menschen haben.*
>
> Niccolò Machiavelli (1469–1527), »Der Fürst«

sich mit Gleichgesinnten aus Ihrer Gruppe zusammenzutun. Das Ziel der meisten Verschwörungen ist eine groß angelegte Aktion, durch die man den Führer stürzen und die Macht an sich reißen will. Dabei steht viel auf dem Spiel, und eben deshalb sind Verschwörungen so oft schwierig und gefährlich. Auch wenn Sie Ihren Mitverschwörern vertrauen, können Sie ja nie mit Sicherheit wissen, was in ihren Köpfen vorgeht.

Es gibt einige Vorsichtsmaßnahmen, die Sie ergreifen können. Sie sollten die Zahl der Verschwörer so klein wie möglich halten. Weihen Sie sie nur so weit wie nötig in die Einzelheiten Ihres Plans ein; je weniger sie wissen, desto weniger können sie ausplaudern. Wenn Sie Ihren Zeitplan erst kurz, bevor Sie alle aktiv werden, aufdecken, bleibt ihnen keine Zeit mehr, um auszusteigen.

Schließlich spielt die Moral im Krieg stets eine entscheidende Rolle; es ist immer klug, die Moral der feindlichen Truppen zu untergraben. Sie können das von außen her versuchen, durch Propaganda, doch das hat oft die entgegengesetzte Wirkung – es stärkt den Zusammenhalt zwischen den Soldaten und den Zivilisten angesichts einer fremden Macht, die sie auf ihre Seite ziehen will. Viel effektiver ist es, in ihren Rängen Sympathisanten zu finden, die dann um sich herum Unzufriedenheit verbreiten wie eine Krankheit. Die Benutzung einer inneren Front zur Verbreitung von Zwietracht reicht oft schon, um Ihnen den Vorteil zu verschaffen, den Sie brauchen, um den Feind besiegen zu können.

Symbol: Die Termite. Tief aus der Struktur des Hauses heraus nagt die Termite still und leise das Holz weg; ihre Armeen bohren sich geduldig durch Balken und Träger. Diese Arbeit bleibt unbemerkt – das Resultat jedoch nicht.

Garant: Die Belagerung von befestigten Städten sollte nur erfolgen, wenn keine andere Wahl bleibt. ... Weiß der Feldherr seinen Ärger nicht zu zügeln und treibt er seine Soldaten gleich Ameisen die Mauern hinan, mag ein Drittel der Männer fallen, ohne daß die befestigte Stadt genommen wird. ... Wer sich auf die Kriegführung versteht, unterwirft die Armeen, ohne Schlachten zu schlagen, erobert die Städte, ohne sie zu belagern, und zerstört die fremden Reiche, ohne sich auf endlose Kämpfe einzulassen. (Sunzi, 5./6. Jh. v. Chr., »Die Kunst des Krieges«)

GESETZ

32

Die passiv-aggressive Strategie

Dominieren, aber so tun, als würde man sich unterwerfen

Jedes Bemühen, anderen Ihren Willen aufzuzwingen, ist ein Akt der Aggression. Und in einer Welt, in der politische Erwägungen den Ausschlag geben, ist die effektivste Aggressionsform die am besten verborgene: Aggression hinter einem fügsamen, sogar liebevollen Äußeren. Um die passiv-aggressive Strategie umzusetzen, müssen Sie so tun, als ob Sie den Leuten zustimmen, und dürfen keinen Widerstand leisten. In Wirklichkeit beherrschen Sie die Situation aber. Sie legen sich nicht fest und sind sogar ein bisschen hilflos, aber das bedeutet nur, dass sich alles um Sie dreht. Vielleicht werden einige Leute spüren, was Sie vorhaben, und wütend werden. Lassen Sie sich deswegen keine grauen Haare wachsen – achten Sie nur darauf, Ihre Aggressionen so gut zu verbergen, dass Sie ihr Vorhandensein abstreiten können. Wenn Sie das richtig machen, werden die anderen ein schlechtes Gewissen bekommen, weil sie Sie beschuldigt haben. Die passiv-aggressive Strategie ist sehr beliebt; Sie müssen lernen, sich gegen die Scharen der passiv-aggressiven Krieger zu verteidigen, die Sie im täglichen Leben angreifen werden.

Schlüssel zur Kriegführung

Das menschliche Denkvermögen ist auf eigentümliche Weise eingeschränkt, und das verursacht uns endlose Probleme: Wenn wir über jemanden oder über etwas, was uns passiert ist, nachdenken, entscheiden wir uns gewöhnlich für die einfachste, am leichtesten zu verdauende Deutung. Jeder unserer Bekannten ist gut oder schlecht, nett oder gemein, seine Absichten sind edel oder niederträchtig; ein Ereignis ist positiv oder negativ, von Vorteil oder schädlich; wir sind glücklich oder traurig. In Wahrheit ist aber überhaupt nichts im Leben so einfach. Die Leute sind alle eine Mischung von guten und schlechten Eigenschaften, von Stärken und Schwächen. Wenn sie etwas tun, können ihre Absichten für uns hilfreich und abträglich zugleich sein, was auf ihren zwiespältigen Gefühlen uns gegenüber beruht. Selbst das positivste Ereignis hat eine negative Seite.

Wir neigen also dazu, die Dinge auf die einfachste Weise zu beurteilen, und das erklärt, dass die passiv-aggressive Strategie so effektiv ist und dass so viele Menschen sie benutzen – teils bewusst, teils unbewusst. Leute, die sich passiv-aggressiv verhalten, sind per definitionem passiv und aggressiv zugleich. Nach außen hin sind sie freundlich und fügsam, sogar voller Liebe. Gleichzeitig planen sie aber feindliche Aktionen und führen sie durch. Ihre Aggression ist oft ganz subtil – kleine Sabotageakte, Bemerkungen, die uns unter die Haut gehen sollen. Sie kann auch enorm schädlich sein.

Wenn wir Zielscheibe dieses Verhaltens sind, fällt es uns schwer, uns vorzustellen, dass beides gleichzei-

Es ist unmöglich, eine Auseinandersetzung mit einem hilflosen Gegner zu gewinnen, denn wenn man siegt, hat man nichts gewonnen. Jeder Schlag, den man austeilt, bleibt unerwidert, so daß man nichts verspürt außer Gewissensbissen, zugeschlagen zu haben, und den nagenden Verdacht, daß die Hilflosigkeit auf Berechnung beruht.

JAY HALEY (1923–2007), »GEMEINSAMER NENNER INTERAKTION«

> *Zuweilen hat man es mit verborgenen Feinden zu tun, ungreifbaren Einflüssen, die sich in die dunkelsten Winkel verkriechen und von dort aus die Leute suggestiv beeinflussen. In solchen Fällen ist es nötig, diesen Dingen bis in die geheimsten Winkel nachzuspüren, um festzustellen, um was für Einflüsse es sich handelt ... Gerade das Anonyme solcher Umtriebe erfordert besonders unermüdliche Energie, die sich aber belohnt macht. Denn wenn solche unkontrollierbaren Einflüsse erst ans Licht gebracht und gebrandmarkt sind, haben sie ihre Macht über die Menschen verloren.*
>
> »I-GING« (CA. 8. JH. V. CHR.)

tig passiert. Damit, dass jemand an einem Tag nett und am nächsten niederträchtig sein kann, können wir ja noch umgehen; wir sagen dann einfach, er sei launisch. Dass jemand niederträchtig und nett zugleich sein kann, verwirrt uns jedoch, und das verleiht dem passiv-aggressiven Kämpfer große manipulative Macht über uns.

Bei der passiv-aggressiven Strategie gibt es zwei Formen: eine bewusste und eine nur halb oder gar nicht bewusste, ein Verhalten, das die Leute bei den kleinen wie bei den nicht so kleinen und auch bei den großen Dingen im täglichen Leben ständig benutzen. Sie könnten versucht sein, diesem zweiten Typ zu verzeihen, da der Betreffende sich der Auswirkungen seines Handelns ja nicht bewusst ist oder unfähig zu sein scheint, damit aufzuhören; die Leute verstehen aber oft viel besser, was sie tun, als Sie sich vorstellen können, und es ist wahrscheinlich, dass Sie auf ihr freundliches und hilfloses Äußeres hereinfallen. Diesem zweiten Typ gegenüber sind wir generell zu nachsichtig.

Wenn Sie die passiv-aggressive Strategie bewusst und auf positive Weise benutzen, kommt es auf das Äußere an, das Sie Ihren Feinden präsentieren. Sie dürfen Ihre düsteren, rebellischen Gedanken nie erkennen können.

Die Wurzeln der passiv-aggressiven Strategie liegen tief im militärischen Bereich, in dem, was man »vorgetäuschte Kapitulation« nennen könnte. Im Krieg können Ihre Feinde niemals Ihre Gedanken lesen. Um herauszufinden, was Sie denken und planen, müssen sie sich vom äußeren Anschein leiten lassen und die Zeichen lesen, die Sie senden.

Wenn eine Armee sich ergeben hat, folgt darauf

gewöhnlich eine wahre Flut von Emotionen, und die Leute sind nicht mehr so auf der Hut. Der Sieger wird die geschlagenen Truppen zwar im Auge behalten, angesichts seiner Erschöpfung durch seine Anstrengungen aber stark versucht sein, nicht mehr so wachsam zu sein wie vorher. Daher kann ein kluger Stratege vortäuschen, dass er sich ergibt – er kann verkünden, er sei körperlich und geistig besiegt. Wenn der Feind, der ja nicht in seinen Kopf hineinsehen kann, keine Anzeichen sieht, die dagegen sprechen, wird er seine Kapitulation wahrscheinlich für bare Münze nehmen. Nun hat derjenige, der angeblich kapituliert hat, Zeit und Raum für die Planung neuer feindlicher Aktionen.

Das Funktionieren vorgetäuschter Kapitulationen hängt im Krieg und im Leben davon ab, dass die Unterwerfung echt wirkt. Daher müssen Sie Ihre Schwächen, die Gebrochenheit Ihres Geistes und Ihren Wunsch nach Freundschaft hochspielen; das ist ein emotionaler Trick mit großer Ablenkungskraft. Sie müssen außerdem ein guter Schauspieler sein, denn schon das kleinste Anzeichen von Ambivalenz wird die Wirkung ruinieren.

Denken Sie daran, dass es nie klug ist, zu große Gier nach Macht, Reichtum oder Ruhm zu zeigen. Mag Ihr Ehrgeiz Sie auch an die Spitze bringen – man wird Sie nicht mögen, und Sie werden feststellen, dass Ihre Unbeliebtheit ein Problem ist. Es ist besser, Ihre Manöver zur Machtergreifung zu verbergen: Sie wollen die Macht ja gar nicht, sie ist Ihnen aufgezwungen worden. Passiv zu sein und dafür zu sorgen, dass die anderen zu Ihnen kommen, ist eine brillante Form der Aggression.

Damals herrschten Gewalt und Waffen; heute ist jedoch überall die Schläue des Fuchses verbreitet, sodass treue oder tugendhafte Männer kaum noch zu finden sind.

ELISABETH I. (1533–1603)

Durch raffinierte Sabotageakte kann man bei einer passiv-aggressiven Strategie enorm viel erreichen, da man sie hinter seinem freundlichen, fügsamen Äußeren verstecken kann.

Passiv-aggressives Verhalten ist im täglichen Leben so verbreitet, dass Sie sowohl in der Abwehr als auch im Angriff spielen können müssen. Sie sollten die Strategie unbedingt selbst benutzen – sie ist zu wirkungsvoll, um sie aus Ihrem Arsenal zu streichen. Sie müssen aber auch mit den halb bewussten passiv-aggressiven Typen umgehen können, die es in der modernen Welt in so großer Zahl gibt – Sie müssen erkennen, worauf sie aus sind, bevor sie Ihnen unter die Haut gehen, und sich gegen diese merkwürdige Angriffsform verteidigen können.

Ein Kollege verhält sich Ihnen gegenüber freundlich, sagt hinter Ihrem Rücken aber Dinge über Sie, die Ihnen Probleme bringen. Sie lassen jemanden in Ihr Leben, der Ihnen dann etwas stiehlt, was Ihnen kostbar ist. Diese Typen richten Schaden an, entziehen sich aber mit großem Geschick jedem Vorwurf. Ihr Modus Operandi besteht darin, genug Zweifel daran zu erzeugen, dass der aggressive Akt von ihnen kam. Es kann auf gar keinen Fall ihre Schuld sein, sie sind doch nur unschuldige Zuschauer, hilflos, die wahren Opfer bei der gesamten Dynamik! Die Art, wie sie jede Verantwortung weit von sich weisen, ist verwirrend – Sie haben den Verdacht, dass sie etwas gemacht haben, können ihnen das aber nicht nachweisen. Es kann sogar noch schlimmer kommen: Wenn sie *wirklich* geschickt sind, haben *Sie* ein schlechtes Gewissen – wie konnten Sie nur denken, sie seien schuld? Ihr schlechtes Gewissen ist ein Zeichen dafür, wie viel Macht diese Menschen über Sie haben.

Wer passiv-aggressive Kämpfer niederzwingen will, muss zunächst an sich selbst arbeiten. Das bedeutet, dass Sie sofort erkennen müssen, dass Ihr Gegner die Taktik der Schuldverschiebung benutzt. Sie müssen jedes Schuldgefühl, das Sie zu empfinden beginnen, im Keim ersticken. Diese Typen können sehr gut Süßholz raspeln, Sie durch Schmeicheleien in ihr Netz locken und dabei Ihre Unsicherheit ausnutzen. Oft zieht sogar Ihre eigene Schwäche Sie in die passiv-aggressive Dynamik. Das dürfen Sie nie vergessen!

Zweitens besteht der geschickteste Zug dann darin, auf Abstand zu dieser Person zu gehen oder sie sogar ganz aus Ihrem Leben zu befördern; zumindest sollten Sie nicht aus der Haut fahren und ihr eine Szene machen, denn damit würden Sie ihr nur in die Hände spielen. Sie müssen unbedingt ruhig und gelassen bleiben.

Oft besteht die wirkungsvollste Strategie gegen passiv-aggressive Menschen darin, ihnen gegenüber ebenfalls raffiniert und hinterlistig zu sein und ihre Macht so zu neutralisieren. Solchen Leuten dürfen Sie nie Zeit und Raum für ihre Operationen lassen. Wenn sie einmal Fuß gefasst haben, werden sie eine Vielzahl hinterhältiger Wege finden, Sie hierhin und dorthin zu ziehen. Die beste Verteidigung ist, bei den Menschen in Ihrem Umfeld mit Argusaugen auf eventuelle passiv-aggressive Manifestationen zu achten und sich ihrem heimtückischen Einfluss so weit wie möglich zu entziehen.

Symbol: Der Fluss. Er fließt mit großer Wucht. Manchmal tritt er über die Ufer und verursacht unermesslichen Schaden. Wenn man versucht, ihn durch Dämme zu zähmen, vergrößert man seine aufgestaute Energie und damit die eigene Gefahr nur. Es ist besser, seinen Lauf zu ändern und ihn zu kanalisieren, sodass man seine Kraft für die eigenen Zwecke nutzen kann.

Garant: Wie tröpfelndes Wasser durch Felsen dringt, können die Schwachen und Nachgiebigen die Festen und Starken besiegen. (Sun Haichen, »The Wiles of War«)

GESETZ

33

Kettenreaktionen als Strategie

Durch Terrorakte Unsicherheit und Panik verbreiten

Terror ist das äußerste Mittel, wenn man den Widerstandswillen eines Volks lähmen und seine Fähigkeit, eine strategische Reaktion zu planen, zerstören will. Die Macht dazu kann man durch sporadische Gewaltakte erringen, die ein ständiges Gefühl der Bedrohung erzeugen und eine Angst hervorrufen, die sich in der gesamten Öffentlichkeit verbreitet. Ziel einer Terrorkampagne ist nicht der Sieg auf dem Schlachtfeld, sondern man will das größtmögliche Chaos verursachen und die andere Seite zu einer aus der Verzweiflung geborenen Überreaktion treiben. Die Strategen des Terrors verschmelzen so mit der Bevölkerung, dass sie unsichtbar sind, und schneiden ihre Aktionen speziell auf die Massenmedien zu; so erwecken sie den Eindruck, dass sie überall und daher viel stärker sind, als tatsächlich der Fall ist. Das ist ein Nervenkrieg. Die Opfer von Terror dürfen weder ihrer Angst noch ihrer Wut nachgeben; wenn sie eine wirklich effektive Gegenstrategie entwickeln wollen, dürfen sie ihr Gleichgewicht nicht verlieren. Angesichts einer Terrorkampagne ist die letzte Verteidigungslinie der eigene Verstand.

Schlüssel zur Kriegführung

»Brüder«, sagt ein ismailischer Dichter, »wenn die Stunde des Triumphes kommt und das Glück dieser und der nächsten Welt uns begleitet, kann ein einzelner Krieger zu Fuß einen König in Angst und Schrecken versetzen, mag dieser auch über 100 000 Berittene verfügen.«

BERNARD LEWIS, »DIE ASSASSINEN«

Im Laufe unseres täglichen Lebens sind wir vielen Formen der Angst ausgesetzt. Diese Ängste hängen gemeinhin mit irgendetwas Spezifischem zusammen: Jemand könnte uns Schaden zufügen, ein Problem braut sich zusammen, wir sehen uns von einer Krankheit oder sogar vom Tod bedroht ... Wenn uns eine tiefe Angst in ihren Klauen hat, wird unsere Willenskraft vorübergehend gelähmt, da wir gedanklich mit dem Schlimmen beschäftigt sind, das uns zustoßen könnte. Wenn dieser Zustand zu lange anhalten würde oder zu heftig wäre, würde unser Leben unerträglich werden; daher suchen wir nach Möglichkeiten, diesen Gedanken aus dem Weg zu gehen und unsere Ängste abzumildern. Die Ablenkungen im täglichen Leben werden dann zum festen Boden unter unseren Füßen, sie halten uns aufrecht und versetzen uns in die Lage, ohne die Lähmung, die Angst hervorrufen kann, weiterzugehen.

Unter gewissen Umständen kann dieser Boden allerdings unter uns wegbrechen, und dann gibt es nichts mehr, worauf wir uns stützen könnten. Am stärksten quält uns die Ungewissheit der Zukunft, die Angst, dass noch schrecklichere Dinge kommen werden und dass uns bald eine unvorhersehbare Tragödie treffen wird. Dann wird die Angst chronisch und heftig, die verschiedensten irrationalen Gedanken bedrängen uns. Die spezifischen Ängste werden allgemeiner. In einer Gruppe wird Panik ausbrechen.

Das ist das Wesen des Terrors: eine heftige, überwältigende Angst, die wir nicht auf die normale Weise bewältigen oder loswerden können. Die Ungewissheit ist zu groß, es gibt zu viele schlimme Dinge, die uns zustoßen könnten.

Ein Gesetz des Krieges und der Strategie lautet, dass beim Streben nach einem Vorteil alles versucht und ausprobiert wird. Daher haben Gruppen und Personen, die erkannten, was für eine enorme Macht Terror über Menschen haben kann, eine Möglichkeit gefunden, Terror als Strategie einzusetzen.

Als Strategie kann Terror zwar durchaus auch von großen Armeen und sogar von Staaten angewendet werden, doch am besten lässt er sich von einer kleinen Zahl praktizieren. Da sie so wenige sind, können sie nicht darauf hoffen, einen konventionellen Krieg oder auch nur einen Guerillakrieg zu führen. Der Terror ist ihr letzter Ausweg. Sie haben es mit einem viel größeren Feind zu tun und sind daher oft verzweifelt; und es gibt eine Sache, der sie sich mit Haut und Haaren verschrieben haben. Im Vergleich dazu verblassen ethische Erwägungen. Und die Erzeugung von Chaos ist Bestandteil ihrer Strategie.

Diese Asymmetrie treibt den Krieg zum Extrem: Eine sehr kleine Zahl von Menschen führt Krieg gegen eine riesige Macht und verwandelt ihre geringe Zahl und ihre Verzweiflung in eine starke Waffe. Es gibt bei allen Formen des Terrorismus ein Dilemma, das auch der Grund dafür ist, dass er so viele anzieht und so große Durchschlagskraft hat: Terroristen haben viel weniger zu verlieren als die Armeen, die gegen sie aufgeboten werden, andererseits durch den Terror aber viel zu gewinnen.

Im Grunde treten Terroristen gegen einen Stein, um eine Lawine auszulösen. Falls das misslingt, bringt es ihnen keinen Verlust, abgesehen vielleicht von dem

Wenn man innerlich gelernt hat, was Furcht und Zittern ist, so ist man gegen den Schrecken durch äußere Einflüsse gesichert. Wenn auch der Donner tost, also, daß er hundert Meilen im Umkreis erschreckt, so bleibt man innerlich so gefaßt und ehrerbietig, daß man die Opferhandlung nicht unterbricht. Ein solcher tiefer, innerer Ernst, der alle äußeren Schrecken machtlos abprallen läßt, ist die Geistesverfassung, wie sie die Führer der Menschen und die Herrscher haben müssen.

»I-GING« (CA. 8. JH. V. CHR.)

ihres eigenen Lebens – und sie sind bereit, ihr Leben in ihrer Hingabe an die Sache zu opfern. Sollten aber Verwüstung und Chaos folgen, haben sie große Macht, die Ereignisse zu beeinflussen. Gerade die Fähigkeit, eine Veränderung herbeizuführen, ein beschränktes Ziel zu erreichen, macht den Terrorismus so verlockend, insbesondere für Menschen, die ansonsten keine Macht haben.

Der Terrorismus erwächst gewöhnlich aus Gefühlen der Schwäche und Verzweiflung und aus der Überzeugung, dass die Sache, für die man steht – mag sie nun allgemein oder persönlich sein –, sowohl das Zufügen als auch das Hinnehmen jeder Art von Schaden wert ist. In einer Welt, in der die Gesichter der Macht häufig riesig und scheinbar unverwundbar sind, ist diese Strategie noch verführerischer. In diesem Sinne kann der Terrorismus eine Art Stil werden, eine Verhaltensweise, die in die Gesellschaft selbst einsickert.

Trotz all seiner Stärken hat der Terrorismus jedoch auch Schwächen, die zum Untergang vieler gewaltsamer Kampagnen geführt haben. Seine Gegner müssen das wissen und ausnutzen. Die größte Schwäche der Strategie ist das Fehlen von Verbindungen der Terroristen zur Öffentlichkeit oder zu einer realen politischen Basis. Da sie oft isoliert sind und sich versteckt halten, verlieren sie leicht den Kontakt zur Realität, überschätzen ihre Kraft und übernehmen sich. Obwohl ihr Einsatz von Gewalt strategisch sein muss, wenn er Erfolg haben soll, macht ihre Entfremdung von der Öffentlichkeit es ihnen schwer, sich ein Gleichgewichtsgefühl zu bewahren. Die Isolation der Terroristen hervorzuheben und ihnen eine politische Basis zu verweigern sollte zu jeder wirkungsvollen Gegenstrategie gehören.

Menschen, die sich schwach und ohnmächtig fühlen, lassen sich häufig zu Wutausbrüchen oder irrationalem Verhalten hinreißen, sodass alle in ihrem Umfeld ständig in Angst vor der nächsten Attacke schweben. Wie andere, schwerer wiegende Formen des Terrors kann dieses unberechenbare Verhalten es ihren Zielpersonen kalt über den Rücken laufen lassen und ihren Widerstandswillen untergraben. Wenn schon der simple Umgang mit diesen Leuten so unerfreulich sein kann, weshalb sollte man da kämpfen? Wäre es nicht viel besser, sich einfach geschlagen zu geben? Eine gewalttätige Veranlagung und unkultiviertes Verhalten können zudem Stärke vorgaukeln und tatsächliche Schwächen und Unsicherheiten verbergen. Und durch eine emotionale oder überschießende Reaktion spielt man dem anderen nur in die Karten und erzeugt die Art von Chaos und Aufmerksamkeit, durch die er gedeiht. Wenn Sie einen terroristischen Ehepartner oder Chef haben, wird es am besten sein, entschlossen, aber leidenschaftslos zurückzuschlagen; das ist nämlich die Reaktion, mit der solche Typen am wenigsten rechnen.

Bei der Bekämpfung des Terrorismus ist die Versuchung immer groß, zu einer militärischen Lösung Zuflucht zu nehmen, Gewalt durch Gewalt zu bekämpfen, dem Feind zu zeigen, dass der eigene Wille ungebrochen ist und dass jeder zukünftige Angriff seinerseits ihn teuer zu stehen kommen wird. Das Problem ist hier, dass Terroristen von Natur aus viel weniger zu verlieren haben als Sie. Ein Gegenschlag wird ihnen vielleicht wehtun, sie aber nicht abschre-

Wir haben keinerlei Vorstellung mehr davon, was ein symbolisches Kalkül ist, wie es beim Poker oder im Potlatch zum Einsatz kommt: minimaler Einsatz, maximales Ergebnis. Genau dies haben die Terroristen beim Attentat in Manhattan erreicht, das eine gute Illustration der Chaostheorie wäre: ein Initialschock löst unkalkulierbare Konsequenzen aus ...

JEAN BAUDRILLARD
(1929–2007),
»DER GEIST DES TERRORISMUS«

cken; er könnte sie sogar ermutigen und ihnen helfen, neue Leute in ihr Boot zu holen. Terroristen sind oft bereit, Jahre darauf zu verwenden, Sie zu Boden zu zwingen. Wenn Sie zu einem dramatischen Gegenschlag greifen, zeigen Sie nur, dass Sie ungeduldig sind, sofortige Resultate brauchen und durch emotionale Reaktionen verwundbar sind – alles Zeichen von Schwäche, nicht von Stärke.

Aufgrund des extremen Ungleichgewichts der Kräfte, die bei der terroristischen Strategie im Spiel sind, ist die militärische Lösung oft die ineffektivste. Terroristen sind nebelhafte, verstreute Schemen, sie sind nicht physisch miteinander verbunden, sondern durch eine radikale, fanatische Idee.

Der französische Autor Raymond Aron definiert den Terrorismus als Gewaltakt, dessen psychische Auswirkungen die körperlichen bei Weitem übersteigen. Die psychischen Auswirkungen schlagen sich dann allerdings körperlich nieder – in Form von Panik, Chaos, politischer Spaltung –, und dadurch wirken die Terroristen stärker, als sie tatsächlich sind. Das muss man bei einer Gegenstrategie, die effektiv sein soll, unbedingt berücksichtigen.

Man muss sich Zeit dafür nehmen, die terroristische Bedrohung geduldig auszumerzen. Eine solide Spionage, die Unterwanderung der feindlichen Ränge (die Suche nach Abweichlern von innen heraus) und eine langsame, stetige Austrocknung der finanziellen Mittel und der Ressourcen, von denen die Terroristen abhängig sind, zählen hier mehr als militärische Stärke.

Außerdem ist es wichtig, moralische Überlegenheit zu beweisen. Als Opfer des Angriffs sind Sie hier im Vorteil, doch das könnte sich ändern, wenn Sie einen aggressiven Gegenangriff führen. Geduldige Entschlossenheit und die Unterlassung von Überreaktionen werden als Abschreckungsmittel dienen. Gefühle der Panik und Hysterie sowie zu starre Verteidigungsbemühungen, bei denen eine ganze Gesellschaft und Kultur von einer Handvoll Personen als Geiseln genommen werden, zeigen, in welchem Ausmaß der Feind triumphiert hat.

> Symbol: Die Flutwelle. Irgendetwas rührt weit draußen auf dem Meer das Wasser auf – ein Erdbeben, ein Vulkan, ein Erdrutsch. Eine nur wenige Zentimeter hohe Welle entsteht und beginnt sich auszubreiten; sie überschlägt sich und wird immer größer; die Tiefe des Wassers verleiht ihr Wucht, und schließlich bricht sie sich mit unvorstellbarer Zerstörungskraft am Ufer.

Garant: Es gibt kein schlimmeres Schicksal, als ständig unter Bewachung zu stehen – das bedeutet nämlich, dass man immer Angst hat. (Julius Cäsar, 100–44 v. Chr.)

BIBLIOGRAFIE

Aesop: *Aesop's Fables*. Tredition 2011

Alinsky, Saul D.: *Die Stunde der Radikalen. Ein praktischer Leitfaden für realistische Radikale. Strategien und Methoden der Gemeinwesenarbeit II*. Burckhardthaus-Verlag, Christophorus-Verlag, Laetare-Verlag 1974

Äsop: *Fabeln*. Reclam Verlag 2005

Baudrillard, Jean: *Der Geist des Terrorismus*. Passagen Verlag 2003

Bismarck, Otto von: In: Kent, George O.: *Bismarck and His Times*. Southern Illinois University Press 1978

Churchill, Winston: *The Second World War*. Mariner Books 1986

Clausewitz, Carl von: *Vom Kriege*. Rowohlt Verlag 1963

Conrad, Joseph: *Der Geheimagent. Eine einfache Geschichte*. Piper Verlag 2001

Creveld, Martin van: *Command in War*. Harvard University Press 1985

D'Este, Carlo: *Patton. A Genius for War*. HarperCollins 1995

Dalí, Salvador: *Das geheime Leben des Salvador Dalí*. Schirmer/Mosel Verlag 1984

Duchamp, Marcel: Zitiert in: Janis, Harriet; Janis, Sidney: »Marcel Duchamp: Anti-Artist«. In: *View magazine* 3/21/45. Nachgedruckt in: Motherwell, Robert: *Dada Painters and Poets*. Harvard University Press 1951

Elisabeth I.: Zitiert in: Hasler, P. W. (Hrsg.): *The History of Parliament. The House of Commons 1558–1603*. TSO 1981

Emerson, Ralph Waldo: *Schicksal und Ausgleich*. PR-Verlag 1982

Everitt, Anthony: *Cicero. Ein turbulentes Leben*. DuMont Literatur und Kunst Verlag 2003

Friedrich der Große: »Das militärische Testament von 1768«. In: Volz, Gustav Berthold (Hrsg.): *Ausgewählte Werke Friedrichs des Großen*. Reimar Hobbing Verlag 1913

Friedrich der Große: »Militärische Betrachtungen«. In: Volz, Gustav Berthold (Hrsg.): *Ausgewählte Werke Friedrichs des Großen*. Reimar Hobbing Verlag 1913

Friedrich der Große: In: Chaliand, Gérard: *The Art of War in World History. From Antiquity to the Nuclear Age*. University of California Press 1994

Fuller, J. F. C.: *Grant and Lee. A Study in Personality and Generalship*. Indiana University Press 1957

Haichen, Sun: *The Wiles of War. 36 Military Strategies from Ancient China*. China Books and Periodicals 1993

Haley, Jay: *Gemeinsamer Nenner Interaktion. Strategien der Psychotherapie*. Verlag J. Pfeiffer 1987

Hammond, Grant T.: *The Mind of War. John Boyd and American Security*. Smithsonian Institution Press 2001

Hegel, Georg Wilhelm Friedrich: *Wissenschaft der Logik II. Werke 6*. Suhrkamp Verlag 1969

Herodot: *Das Geschichtswerk des Herodot von Halikarnassos*. Insel Verlag 2001

Hobbes, Thomas: *Leviathan oder Stoff, Form und Gewalt eines bürgerlichen und kirchlichen Staates*. Ullstein Verlag 1984

Homer: *Ilias*. Deutscher Taschenbuch Verlag 2002

Huainanzi: siehe Major, John S. et al. (Hrsg): *The Essential Huainanzi. Liu An, King of Huainan*. Columbia University Press 2010

I-ging: siehe Wilhelm, Richard (Hrsg.): *I-ging. Das Buch der Wandlungen*. Diederichs Verlag 1989

Le Mière de Corvey, J. F. A.: »On Partisans and Irregular Forces«. In: Chaliand, Gérard: *The Art of War in World History. From Antiquity to the Nuclear Age*. University of California Press 1994

Lewis, Bernard: *Die Assassinen. Zur Tradition des religiösen Mordes im radikalen Islam*. Piper Verlag 1993

Liddell Hart, B. H.: *Strategy. The Indirect Approach*. Faber and Faber 1952

Machiavelli, Niccolò: *Der Fürst*. Vollständige Ausgabe. Übersetzt und erläutert von Rudolf Zorn. Alfred Kröner Verlag 1978

Mao Tse-tung: In: Handel, Michael I.: *Masters of War. Classical Strategic Thought*. Routledge Chapman & Hall 2000

Maurikios: In: Dennis, George T.: *Maurice's Strategikon. Handbook of Byzantine Military Strategy*. University of Pennsylvania Press 1984

Motherwell, Robert: *Dada Painters and Poets*. Harvard University Press 1951

Munenori, Yagyu: »The Book of Family Traditions on the Art of War«. In: Marquis, Dean: *The Art of Strategy*. Xlibris 2012

Munenori, Yagyu: *The Sword and the Mind*. Overlook TP 1988

Mure, David: *Master of Deception. Tangled Webs in London and the Middle East*. W. Kimber 1980

Musashi, Miyamoto: *Das Buch der fünf Ringe. Klassische Strategien aus dem alten Japan*. Piper Verlag 2003

Napoleon Bonaparte: In: Chaliand, Gérard: *The Art of War in World History. From Antiquity to the Nuclear Age*. University of California Press 1994

Napoleon Bonaparte: In: Chandler, David G.: *The Campaigns of Napoleon*. Scribner 2009

Nietzsche, Friedrich Wilhelm: *Der Wanderer und sein Schatten*. Anaconda Verlag 2012

Nietzsche, Friedrich Wilhelm: *Götzen-Dämmerung*. Hofenberg 2013

Nietzsche, Friedrich Wilhelm: *Menschliches, Allzumenschliches*. Anaconda Verlag 2006

Pitney, John J. Jr.: *The Art of Political Warfare*. University of Oklahoma Press 2002

Potter, Stephen: *The Complete Upmanship*. Holt, Rinehart and Winston 1971

Ranke-Graves, Robert von: *Griechische Mythologie. Quellen und Deutung*. Rowohlt Verlag 1984

Ratti, Oscar; Westbrook, Adele: *Secrets of the Samurai. The Martial Arts of Feudal Japan*. Tuttle Publishing 1991

Schelling, Thomas C.: *The Strategy of Conflict*. Harvard University Press 1981

Shakespeare, William: *Sämtliche Werke*. Zweitausendeins 2010

Simmel, Georg: *Conflict and the Web of Group Affiliations*. Simon and Schuster 2010

Sokrates: »Theaitetos«. In: Platon: *Sämtliche Werke II*. Lambert Schneider Verlag 1982

Sunzi: *Die Kunst des Krieges*. Insel Verlag 2009

Thomason, John W. Jr.: *Lone Star Preacher*. Texas Christian University Press 1941

Thukydides: *Geschichte des Peloponnesischen Krieges*. Verlag von Wilhelm Engelmann 1854

Wasserman, James: *The Templars and the Assassins. The Militia of Heaven*. Destiny Books 2001

Wilhelm, Richard; Baynes, Cary F. (Hrsg.): *The I Ching or Book of Changes*. Princeton University Press 1967

Yamamoto, Tsunetomo: *Hagakure. The Way of the Samurai*. Hokuseido Press 2001

TEXTRECHTE

Äsop, Fabeln, S. 26, 89: © 2005 Philipp Reclam jun. GmbH & Co. KG, Stuttgart

Jean Baudrillard, *Der Geist des Terrorismus*, S. 213: © Wien: Passagen Verlag 2003, S. 26

Salvador Dalí, *Das geheime Leben des Salvador Dalí*, S. 178: © 1984 Schirmer/Mosel Verlag GmbH, München

Miyamoto Musashi, *Das Buch der fünf Ringe*, S. 66, 96, 104, 122: © der deutschen Übersetzung: 2004 Piper Verlag GmbH, München

Robert von Ranke-Graves, *Griechische Mythologie. Quellen und Deutung,* S. 59: Deutsche Übersetzung von Hugo Seinfeld und Boris von Borresholm, Copyright © 1960 by Rowohlt Taschenbuch Verlag GmbH, Reinbek bei Hamburg

Sunzi, *Die Kunst des Krieges,* S. 34, 46, 54, 58, 75, 79, 94, 98, 101, 116, 130, 163, 201: Aus dem Chinesischen übersetzt und mit einem Nachwort versehen von Volker Klöpsch. © Insel Verlag Frankfurt am Main und Leipzig 2009

Nichts ist so wertvoll wie ein kluger Rat zur richtigen Zeit

FRANK ARNOLD
Der beste Rat, den ich je bekam
Lernen von Denkern und Machern

304 Seiten. Gebunden mit farbigen Illustrationen

HANSER

»Was war der beste Rat, den Sie je bekamen?« Auf diese Frage, die niemanden unberührt lässt, geben in diesem Buch über 100 Persönlichkeiten aus unterschiedlichen Ländern, Branchen und Generationen Antworten. Von Steve Jobs über Eric Schmidt und Richard Branson bis hin zu Roland Berger, Reinhold Würth und Wolfgang Schäuble – so unterschiedlich die Menschen sind, die in diesem Buch zu Wort kommen, so faszinierend und vielfältig sind ihre Einsichten.

www.hanser-literaturverlage.de

HANSER